目　录

导　论

所谓"学者的人间情怀"，就是"学会在社会生活中作为普通人凭良知和道德'表态'，而不过分追求'发言'的姿态和效果"[1]。

——陈平原

一、问题提出

长期以来，一些学者研究认为[2]，多数民办学校董事会缺

---

　〔1〕 陈平原：《学者的人间情怀——跨世纪的文化选择》，生活·读书·新知三联书店 2007 年版，第 182 页。

　〔2〕 部分主要学者的研究文献：（1）周海涛、钟秉林主编：《中国民办教育发展报告 2013－2015》，北京师范大学出版社。（2）钟秉林："科学谋划励精图治创建高水平民办大学——我国民办高等教育改革与发展探析（七）"，载《中国高等教育》2012 年第 2 期。（3）庞丽娟、杨小敏："关于教育供给侧结构性改革的思考和建议"，载《国家教育行政学院学报》2016 年第 10 期。（4）劳凯声："民办学校分类管理的问题及其解决途径"，载《教育学报》2016 年第 5 期。（5）周海涛："以深化综合改革增强民办教育发展活力"，载《教育研究》2014 年第 12 期。（6）周海涛、施文妹："完善民办高校法人治理结构的难题与策略"，载《江苏高教》2015 年第 4 期。（7）洪成文、刘慧珍："高等教育未来发展的蓝图、指标与实现途径——兼论高等教育发展与中国梦"，载《中国高教研究》2013 年第 7 期。（8）余雅风："公共性：民办学校立法分类规范的分析基础"，载《教育研究》2018 年第 3 期。（9）阎凤桥："试析我国民办学校的产权形式和治理结构——基于对非营利组织特征的分析"，载《教育研究》2006 年第 2 期。（10）胡卫主编：《民办教育的发展与规范》，教育科学出版社 2000 年版。（11）湛中乐主

乏独立性，以致产生办学失范、效能不高、公益不足、公信力不够等诸多问题。我国民办教育诞生于家族管理，法律规定民办学校控制权属于董事会，而现实中"家族化"治理现象非常严重，董事会沦为少数人控制学校牟利的工具。有学者对212所民办高校举办者在学校任职情况作了调查，发现83%的举办者担任董事长或者身兼决策机构和行政管理领导者，并认为我国大部分民办高校董事会属于举办者控制型董事会。[1]

2016年11月7日，第十二届全国人民代表大会常务委员会第二十四次会议通过了《全国人民代表大会常务委员会关于修改〈中华人民共和国民办教育促进法〉的决定》，对全国人

编：《民办教育法治理论与实践》，中国法制出版社2016年版。（12）徐绪卿：《我国民办高校内部管理体制改革和创新研究》，中国社会科学出版社2012年版。（13）吴华、蒋新峰："'教育民营'的一种制度演进路径分析——在公立中小学建立董事会制度的初步思考"，载《教育理论与实践》2003年第23期。（14）胡卫："中国民办教育发展现状及策略框架"，载《教育研究》1999年第5期。（15）王一涛等："我国民办高校董事会实际运行及优化路径研究"，载《教育研究》2015年第10期。（16）卢彩晨："家族式民办高校：控制权结构演进与可持续发展"，载《国家教育行政学院学报》2012年第10期。（17）龚怡祖："大学治理结构：现代大学制度的基石"，载《教育研究》2009年第6期。（18）董圣足、黄清云："我国民办高校董事会制度的重构——基于45所民办院校的调查分析"，载《黄河科技大学学报》2010年第4期。（19）郭建如："民办高等教育的市场化与民办高校的组织管理特征——以陕西民办高等教育为例"，载《高等教育研究》2003年第4期。（20）谷力："我国民办学校董事会存在的问题及重构思考"，载《教育发展研究》2005年第18期。（21）王文源："中国民办学校组织化建设探讨"，载《教育发展研究》2005年第24期。（22）张文国："我国民办学校董事会制度的缺陷及完善——从中外比较的视角分析?"，载《广西政法管理干部学院学报》2013年第2期。

〔1〕参见王一涛、刘继安："中国民办高校董事会规范结构和行为结构偏差的实证分析"，载《复旦教育论坛》2015年第4期。

大常委会 2003 年 9 月 1 日颁布实施的《中华人民共和国民办教育促进法》（以下简称原《民促法》）作出了 16 项修订，形成新的《中华人民共和国民办教育促进法》（以下简称新《民促法》）并明确了"建立对决策机构的监督机制"[1]的原则性规定。新颁布的《国务院关于鼓励社会力量兴办教育促进民办教育健康发展的若干意见》（国发〔2016〕81 号，以下简称《国务院三十条》）提出"优化董事会成员构成""探索实行独立董事（理事）、监事制度"等方向性要求[2]，正在修订过程中的新《民促法》实施条例，亦作出相关要求，比如教育部发布《中华人民共和国民办教育促进法实施条例（修订草案）（征求意见稿）》〔以下简称《民促法实施条例（修订草

---

〔1〕 全国人民代表大会常务委员会关于修改《中华人民共和国民办教育促进法》的决定（2016 年 11 月 7 日第十二届全国人民代表大会常务委员会第二十四次会议通过）中规定：三、将第 19 条改为第 20 条，修改为："民办学校应当设立学校理事会、董事会或者其他形式的决策机构并建立相应的监督机制。民办学校的举办者根据学校章程规定的权限和程序参与学校的办学和管理。"

〔2〕《国务院三十条》（2016 - 12 - 29）"五、加快现代学校制度建设　（十九）完善学校法人治理。民办学校要依法制定章程，按照章程管理学校。健全董事会（理事会）和监事（会）制度，董事会（理事会）和监事（会）成员依据学校章程规定的权限和程序共同参与学校的办学和管理。董事会（理事会）应当优化人员构成，由举办者或其代表、校长、党组织负责人、教职工代表等共同组成。监事会中应当有党组织领导班子成员。探索实行独立董事（理事）、监事制度。健全党组织参与决策制度，积极推进'双向进入、交叉任职'，学校党组织领导班子成员通过法定程序进入学校决策机构和行政管理机构，党员校长、副校长等行政机构成员可按照党的有关规定进入党组织领导班子。学校党组织要支持学校决策机构和校长依法行使职权，督促其依法治教、规范管理。完善校长选聘机制，依法保障校长行使管理权。民办学校校长应熟悉教育及相关法律法规，具有 5 年以上教育管理经验和良好办学业绩，个人信用状况良好。学校关键管理岗位实行亲属回避制度。完善教职工代表大会和学生代表大会制度"。

案）征求意见稿》〕[1]，明确"非营利性民办学校的理事会、董事会或者其他形式决策机构还应当包括社会公众代表，并可以根据需要设立独立董事"。司法部发布《中华人民共和国民办教育促进法实施条例（修订草案）（送审稿）》[以下简称《民促法实施条例（修订草案）送审稿》]，明确"鼓励非营利性民办学校理事会、董事会或者其他形式决策机构中包括社会公众代表，根据需要设立独立理事或者董事"[2]。此外，中共

---

〔1〕《民促法实施条例（修订草案）征求意见稿》（2018－04－20）第24条：民办学校法定代表人，理事会、董事会或者其他形式决策机构的负责人应当具有中华人民共和国国籍，具有政治权利和完全民事行为能力，在中国境内定居，信用状况良好，无故意犯罪记录或者教育领域不良从业记录。其中，民办学校法定代表人应当由民办学校决策机构负责人或者校长担任。未经批准，国家机关工作人员不得担任民办学校决策机构的成员。第25条：民办学校的理事会、董事会或者其他形式决策机构应当由举办者或者其代表、校长、党组织负责人、教职工代表等共同组成；非营利性民办学校的理事会、董事会或者其他形式决策机构还应当包括社会公众代表，并可以根据需要设立独立董事。民办学校的理事会、董事会或者其他形式决策机构每年至少召开2次会议。经1/3以上组成人员提议，可以召开理事会、董事会或者其他形式决策机构临时会议；讨论下列重大事项，应当经2/3以上组成人员同意方可通过：（一）变更举办者；（二）聘任、解聘校长；（三）修改学校章程；（四）制定发展规划；（五）审核预算、决算；（六）决定学校的分立、合并、终止；（七）学校章程规定的其他重大事项。

〔2〕《民促法实施条例（修订草案）送审稿》（2018－08－10）第25条：民办学校理事会、董事会或者其他形式决策机构的负责人应当具有中华人民共和国国籍，具有政治权利和完全民事行为能力，在中国境内定居，信用状况良好，无故意犯罪记录或者教育领域不良从业记录。民办学校法定代表人应当由民办学校决策机构负责人或者校长担任。未经批准，国家机关工作人员不得担任民办学校决策机构的成员。第26条：民办学校的理事会、董事会或者其他形式决策机构应当由举办者或者其代表、校长、党组织负责人、教职工代表等共同组成。鼓励非营利性民办学校理事会、董事会或者其他形式决策机构中包括社会公众代表，根据需要设立独立理事或者董事。民办学校的理事会、董事会或者其他形式决策机构每年至少召开2次会议。经1/3以上组成人员提议，可以召开理事会、董事会或者其他形式决策机构临时会议；讨论下列重大事项，应当经2/3以上组成人员同意方可通过：（一）变更举办者；（二）聘任、解聘校长；（三）修改学校章程；（四）制定发展规划；（五）审核预算、决算；（六）决定学校的分立、合并、终止；（七）学校章程规定的其他重大事项。

中央办公厅发布《关于加强民办学校党的建设工作的意见（试行)》（中办发〔2016〕78 号，以下简称《党组织建设意见》）也对党组织班子成员进入学校决策层和党组织参与决策的重大事项等作出规定。[1]教育部、人社部、工商总局联合颁布的《营利性民办学校监督管理实施细则》（教发〔2016〕20 号，以下简称《监督管理细则》）对决策机构董事资格的消极条件提出了要求。[2]

　　上述民办教育新法新政中涉及的一些主要规定[3]，均旨在

────────

　　[1]　《党组织建设意见》（2016 - 12 - 29）规定：五、建立健全党组织参与决策和监督机制　推进党组织班子成员进入学校决策层和管理层。民办学校党组织书记应通过法定程序进入学校董（理）事会，办学规模大、党员人数多的学校，符合条件的专职副书记也可进入董（理）事会。健全党组织参与决策和监督制度。涉及民办学校发展规划、重要改革、人事安排等重大事项，党组织要参与讨论研究，董（理）事会在作出决定前，要征得党组织同意。

　　[2]　参见《监督管理细则》（2016 - 12 - 30）第 19 条规定："有犯罪记录、无民事行为能力或者限制行为能力者不得在学校董事会、监事会、行政机构任职。一个自然人不得同时在同一所学校的董事会、监事会任职。"

　　[3]　从 2016 年 11 月 9 日至 2018 年 12 月 31 日国家层面颁布的民办教育新法新政主要有 12 个：（1）第十二届全国人民代表大会常务委员会第二十四次会议通过关于修改《中华人民共和国民办教育促进法》的决定（中华人民共和国主席令第 55 号 2016 - 11 - 07）；（2）《国务院三十条》（国发〔2016〕81 号，2016 - 12 - 29）；（3）《党组织建设意见》（中办发〔2016〕78 号，2016 - 12 - 29）；（4）《监督管理细则》（教发〔2016〕20 号，2016 - 12 - 30）；（5）教育部、人社部、民政部、中央编办及工商总局等五部门关于印发《民办学校分类登记实施细则》的通知（教发〔2016〕19 号，2016 - 12 - 30）；（6）《国务院办公厅关于同意建立民办教育工作部际联席会议制度的函》（国办函〔2017〕78 号，2017 - 08 - 05）；（7）国家工商总局、教育部联合发布《关于营利性民办学校名称登记管理有关工作的通知》（工商企注字〔2017〕156 号，2017 - 08 - 31）；（8）《民促法实施条例（修订草案）征求意见稿》（2018 - 04 - 20）；（9）教育部等十三部门关于印发《民办教育工作部际联席会议 2018 年工作要点》的通知（教发函〔2018〕26 号，2018 - 06 - 05）；（10）《民促法实施条例（修订草案）送审稿》（2018 - 08 - 10）；（11）《国务院办公厅关于规范校外培训机构发展的意见》，（国办发〔2018〕80 号，2018 - 08 - 06）；（12）《中共中央、国务院关于学前教育深化改革规范发展的若干意见》（2018 - 11 - 07）。

从顶层设计上破解修改前的原《民促法》及其《中华人民共和国民办教育促进法实施条例》（以下简称《民促法实施条例》）中董事会制度的缺陷及实践中举办者控制型董事会带来的办学失范、效能不高、公益不足、公信力不够等关键问题。当前，亟待各级教育行政主管部门、各级各类民办教育机构等，以新《民促法》及其配套政策的正式实施为契机，在《民促法实施条例》修改、民办教育地方立法和完善学校法人治理结构的过程中，真正落实新《民促法》及其配套政策，建立独立董事制度，助力举办者控制型董事会向以独立性为核心特征的董事会转型，促进办学规范化、治理专业化、强化公益性、增强公信力。

二、研究意义

（一）实践意义

分类管理框架下的现代学校制度是协调民办学校内部和外部关系的制度安排，其基本目标之一是完善学校法人治理。新《民促法》明确了"建立对决策机构的监督机制"的原则性规定，《国务院三十条》明确"优化董事会成员构成""探索实行独立董事（理事）、监事制度"等方向性要求。面对现代学校制度建设和完善学校法人治理的重大现实问题，深入研究并建立健全民办学校独立董事制度，向教育行政部门和民办学校提供针对性政策咨询与建议，对进一步健全民办学校董事会制度，完善法人治理结构，助力解决我国民办学校法人治理中存在的办学失范、效能不高、公益不足、公信力不够等问题有重要的现实意义。

（二）理论意义

我国民办教育的发展尚未有可供借鉴的成熟经验和可供指导的理论体系。改革开放 40 年，中国民办教育进入新的发展阶段，亟需对分类管理框架下的现代学校制度进行更深刻和更丰富的体系研究。在已经形成民办学校分类管理顶层设计的情况下，现有的现代学校制度建设和民办学校法人治理等相关配套制度的研究显得相对滞后。本研究聚焦我国民办学校董事会制度及外部董事实践问题，借鉴私立学校和公司外部董事（独立董事）制度经验，综合教育市场化理论、两权分离理论、委托代理理论、法人治理理论、资源依赖理论和利益相关者理论并作为分析工具，建构我国民办学校独立董事制度研究的框架，在进一步完善我国民办学校法人治理的理论研究、丰富我国的董事会制度和外部董事相关制度的理论研究以及深化民办学校独立董事制度研究等方面具有重要的理论意义。

三、研究综述

（一）研究现状

国内外已有相关研究成果的基本情况：以中国知网为主，结合万方和维普等数据库查找题名、主题包含三类关键词的文献分别如下：

1. 以"民办学校""董事会"为"主题"共得到与民办学校董事会相关的期刊文献 364 篇、博士硕士论文 90 篇、会议论文 7 篇；进一步扩大检索范围，以"民办学校""法人治理"为关键词，查到相关期刊文献 117 篇、博士硕士论文 63 篇、会议论文 7 篇。两次检索共搜集到相互独立的期刊文献 405 篇、博士硕士论文 123 篇、会议论文 10 篇。随着我国民办教育的发展，相关研究成果日益丰富。涉及本研究的直接相关文献部分，尽管搜索到民办学校董事会制度的文献较多，但直接参考价值比较有限，同时尚未发现关于民办学校外部董事、独立董事的直接研究。

2. 以"独立董事"为"篇名"共得到与上市公司董事会独立董事制度相关的期刊文献 5322 篇、博士硕士论文 711 篇、会议论文 96 篇。涉及本研究企业经验的相关文献部分，十分丰富且具有较高的参考价值。

3. 以"私立学校""董事会"为"主题"得到对私立学校董事会制度相关的期刊文献 86 篇、博士硕士论文 35 篇、会议论文 2 篇。涉及本研究国家经验的相关中文文献部分，较为丰富且具有一定的参考价值。

在 ProQuest，Springer Online Journals，Education Resources Information Center，Google Scholar 等网站搜索相关文献，量大且丰富，对私立学校董事会制度研究和上市公司独立董事制度研究的中文文献进行补充。

此外，对法律文本、政策文本、著作、研究报告、报纸、工具图书等进行了搜集，主要渠道来自于国家图书馆、高校图书馆等。

国内外已有相关成果的代表性观点综述如下：

有学者对 212 所民办高校举办者在学校任职情况作了调查，发现 83% 的举办者担任董事长或者身兼决策机构和行政管理领导者，并认为我国大部分民办高校董事会属于举办者控制型董事会。我国民办教育诞生于家族管理，法律规定民办学校控制权属于董事会，但现实中"家族化"治理现象非常严重，董事会沦为少数人控制学校牟利的工具。学者们一致认为，民办学校法人治理成效与董事会密切相关，由于多数民办学校董事会缺乏独立性，以致产生办学失范、效能不高、公益不足、公信力不够等诸多问题。

私立学校董事会外部董事相关制度及其实践研究。私立学校董事会的职责、成员结构和董事权利、义务与责任等内容更多在学校章程和董事会章程中有明确的规定，但是关于外部董事的专门规定非常少见，基本与内部董事同等对待。美国私立高校董事会章程内容十分详尽，包括成立董事会的依据和宗旨、董事会职责、董事会规模与成员构成、董事资格、选任、任期、退出的界定及补选程序，还有董事会组织结构、各专门委员会职责和董事会主席、副主席、秘书等人员的产生程序、职责和任期以及董事会和各专门委员会的会议制度。[1]

上市公司董事会独立董事的相关制度研究。《中华人民共和国公司法》（以下简称《公司法》）《上市公司章程指引》《关于在上市公司建立独立董事制度的指导意见》《上市公司治理准则》《上市公司独立董事履职指引》等一系列规范性文件是我国上市公司董事会制度的主要依据，其中明确了"上市公司独立董事是指不在公司担任除董事外的其他职务，并与其所受聘的上市公司及其主要股东不存在可能妨碍其进行独立客观判断的关系的董事"，并对独立董事的作用、选任、权责、运行和

---

〔1〕 参见谷力："我国民办学校董事会存在的问题及重构思考"，载《教育发展研究》2005 年第 18 期。

保障等机制作了具体规定。[1]同时，有诸多的学者对国内外上市公司董事会独立董事制度及其实践做了大量的研究，对本研究有重要的借鉴作用。

我国民办学校董事会制度中外部董事实践的相关研究。当前，民办学校应当健全董事会章程，规范运行程序，强化会议召开流程、议事规则和议决程序的规范性、公开性以及透明性。

---

[1] 主要法律法规及行业规定如下：（1）中国证监会于1997年颁布《上市公司章程指引》（证监〔1997〕16号，1997年12月16日起施行），其中第112条规定，"公司根据需要、可以设立独立董事"，第一次提出独立董事并作为选择性的规定，即由上市公司自行决定是否设立独立董事。此后，《关于进一步促进境外上市公司规范运作和深化改革的意见》（国经贸企政〔1999〕230号，1999年3月29日起施行）出台，对境外上市公司建立独立董事制度。（2）2001年8月16日，中国证监会发布《关于在上市公司建立独立董事制度的指导意见》（证监发〔2001〕102号，2001年8月16日起施行），要求"上市公司应当建立独立董事制度"，并在上市公司建立独立董事制度的要求、独立董事的任职条件、独立董事独立性标准、独立董事的选任、独立董事的职权行使、独立董事发表独立意见和独立董事的条件保障等七方面作出详细的规定，标志着我国正式引入独立董事制度。（3）2002年1月7日，中国证监会发布《上市公司治理准则》（证监发〔2002〕1号，2002年1月7日起施行），在第三章"董事与董事会"中，以第五节第49条、第50条、第51条共3个条文对独立董事制度作出了原则性规定。2018年9月30日中国证监会公告〔2018〕29号发布修订后的《上市公司治理准则》，在第三章"董事与董事会"中，以第五节第34条、第35条、第36条、第37条共4个条文对独立董事作出了原则性规定，更加清晰地明确了建立独立董事制度、独立董事的选任、权责等原则性要求。（4）2005年10月27日，第十届全国人民代表大会常务委员会第十八次会议修订通过《公司法》，在第四章第五节"上市公司组织机构的特别规定"增加第123条规定"上市公司设立独立董事，具体办法由国务院规定"，在法律层面对独立董事制度予以确认。（5）2006年3月16日，中国证监会发布关于印发《上市公司章程指引》的通知（证监公司字〔2006〕38号，2006年3月16日起施行），对中国证监会1997年印发的《上市公司章程指引》作出了修改，在第46条、第69条和第104条，进一步对独立董事作出了规定；此后，2016年再次修订。（6）2014年9月12日，中国上市公司协会发布《上市公司独立董事履职指引》，对上市公司独立董事的义务、职权及其行使和履职要求等进行了规制。此为2001年以来第一个关于独立董事履职方面最为全面的制度性文件。

董事会章程一般应当包括成立董事会的依据和宗旨，明确董事会职责，[1]优化董事会成员结构，以适当的方式增加独立的专家董事、职工董事、学生董事等。探索建立民办学校外部董事制度，推进董事会成员的多样化。外部董事必须由校外的教育、法律等专业人员担任，并且不得与出资人有限定范围的亲属关系和经济上的利害关系。[2]也可以考虑在我国营利性民办学校和独立学院董事会中引入独立董事，优化董事会成员构成，探索建立独立董事制度，吸纳社会贤达、教育专家、管理专家出任独立董事，通过董事来源多元化提高董事会决策的科学化。[3]

（二）文献评析

总体上看，民办学校分类管理背景下的现代学校制度建设作为重要理论问题和重大现实问题，需要不断进行理论创新和制度创新。在当前学者们富有价值且充满启发的研究成果之下，研究并提出在民办学校建立独立董事制度，较具前沿性、新颖性，极具探索性、挑战性，有利于建设有中国特色的现代学校制度和完善我国民办学校法人治理结构。当前，国内外关于民办学校独立董事制度的相关研究已经具备较好的基础，但是仍然在针对性、全面性、系统性方面研究不够，并且研究方法单一。具体如下：

1. 总体上较具价值且充满启发。在现有研究中，关于我国

〔1〕　参见谷力："我国民办学校董事会存在的问题及重构思考"，载《教育发展研究》2005 年第 18 期。

〔2〕　参见张文国："我国民办学校董事会制度的缺陷及完善——从中外比较的视角分析?"，载《广西政法管理干部学院学报》2013 年第 2 期。

〔3〕　参见周海涛、施文妹："完善民办高校法人治理结构的难题与策略"，载《江苏高教》2015 年第 4 期。

民办学校法人治理的实践研究所反映出来的关键问题成就了本研究的基本假设，是基础和前提条件。关于我国民办学校董事会人数及成员构成的相关研究，基本上反映了实践中从封闭转向开放、从单一转向多元、从虚设转向落实、从代表型转向专家型的发展趋势。在此基础上，学者们对民办学校董事会必须保证一定比例的外部专家型成员已达成共识，已有学者直接引入和使用"独立董事"来称呼专家型外部董事，对本研究的继续奠定了较好的基础。私立学校董事会制度及外部董事相关制度及其实践的研究、上市公司独立董事制度及其实践的研究，具有很好的研究参考价值且充满启发。

2. 内容上亟待从零散走向系统。在我国现有的董事会制度及外部董事的实践研究中发现，董事会制度本身在法律上不甚完善，对于外部董事的专门规定更是缺失，直接导致研究中未有专门和系统的研究成果。与本研究直接相关的内容主要是关于民办学校董事会的人数及成员构成方面的理论研究，以及一些关于引入独立董事的启发性观点。在外部董事，尤其是民办学校独立董事制度的功能及权责配置、选聘程序、运行机制和保障机制等方面的专门研究尚未发现。

3. 方法上亟待从单一走向综合。在对民办学校法人治理实践问题、我国民办学校董事会引入独立董事、我国民办学校董事会在学校治理中发挥的功能和我国民办学校董事会制度中外部董事实践的相关研究中，较多对董事会制度运用实证方法展开研究，而在外部董事方面并无实证的专门研究，更多的是在董事制度研究中运用思辨的研究方法进行粗浅的探讨。

4. 视野上亟待从狭窄走向宽阔。现有研究中，由于对民办学校特点的把握不同，在视野上比较局限于私立学校董事会制度与实践的经验借鉴，从上市公司尤其是家族式企业董事会制度与实践中移植或借鉴董事会治理经验的较少。尤其是在营利性和非营利性民办学校分类管理的新阶段，从仅限于私立学校的视角转向综合现实需求视角、制度理论视角、国际经验视角、企业经验视角，对于展开本研究并获得较具价值且接地气的理论成果有很重要的意义。

四、研究目标

以目前我国民办学校法人治理中办学失范、效能不高、公益不足、公信力不够等问题为逻辑起点，在多视角研究我国民办学校董事会制度及外部董事实践问题以及私立学校外部董事和上市公司独立董事制度经验的基础上，研究提出并建构我国民办学校独立董事制度。

第一，针对民办学校法人治理实践中内在办学、治理和外在公益、公信诉求，平衡内部和外部的关切，反映教师和学生的呼声，对接教育和社会的需求，助力提升治理水平和能力，明确民办学校独立董事制度的取向、范畴、目标、功能等基本内涵，在法人治理中促进办学行为规范、治理效能提升、公益性彰显、公信力增强。

第二，围绕我国民办学校治理科学性、民主性、公益性和社会性的要求，紧扣民办学校独立董事制度的功能定位，分别以独立性、专业性、公开性和有效性为核心价值，系统构建民办学校独立董事的选任机制、权责配置、运行机制、保障机制，并与其他信息公开、督导员、监事等相关制度协同发挥应有效用。

五、研究框架

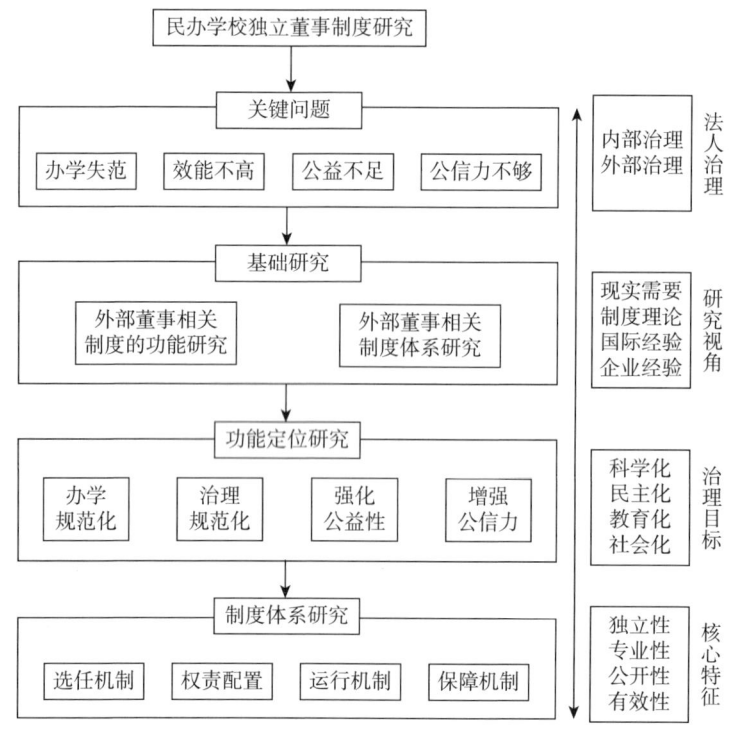

六、研究方法

（一）文献研究法

搜集国内外民办（私立）学校、公司董事会及外部董事（独立董事）制度及其实践的相关研究文献，获得与本研究相关的数据信息并加以分析、归类、总结和述评，把握本研究的研究现状与发展趋势，梳理总结我国民办学校董事会及外部董事相关制度的相关法律法规和其他规范性文件，分析现有政策法规总体情况。本方法主要运用于我国民办学校、私立学校、上市公司董事会外部董事（独立董事）的制度与实践及理论研究。

（二）访谈法

以教育行政部门负责人、教育领域专家、民办学校董事会董事长及校长等为访谈对象，就民办学校建立独立董事制度的功能定位及引入中可能面临的问题，采取访谈的方式，获取第一手资料。本研究方法主要运用于民办学校引入独立董事制度及其功能定位研究。

（三）个案研究法

选取若干具有代表性的民办教育比较发达的省市和民办学校分类管理试点地区的民办学校，对民办学校董事会制度及其运作的历史情况进行研究，掌握民办学校董事会制度及外部董事实践的现状与问题，探寻其中典型问题与经验。本研究方法主要运用于我国民办学校董事会制度及外部董事实践的现状研究。

七、研究思路

在民办学校的法人治理中，董事会（理事会）受制于举办者或出资人，监督校长及执行层，处于"承上启下"的枢纽地位，其功能定位是否准确、人员构成是否合理、运行机制与保障机制是否完善，直接决定了民办学校法人治理的实效。在以董事会为中心的内部治理改革方向的时代背景下，董事会制度自然成为民办学校法人治理良性运转的关键。董事会的职责究竟应该如何设计，董事会成员构成及董事的资格与条件以及选任如何设定，董事职权行使和职责履行的内容、程序和保障等如何完善，当前法律法规层面的董事会制度并未对这一系列问题给予充分的回应。正是在这样的困惑之下，选择民办学校独立董事制度作为研究对象，将公司法上的独立董事和私立学校的外部董事与我国民办学校的"个性化"特点进行对接，就相关制度与实践进行反思与重塑，期待对当下民办学校董事会法律制度建设起到探索性的作用。

本研究从现实需要、制度理论、国际经验和企业经验四个视角中选择复合型视角，对民办学校外部董事相关制度及其实践、法人治理相关理论、私立学校外部董事相关制度及其实践启示、上市公司独立董事制度及其实践启示进行基础研究，形成外部董事相关制度的功能研究和外部董事（独立董事）相关制度体系研究的基础。

第一，从我国民办教育现行相关法律法规、地方法规规章和民办学校章程及董事会章程等关于民办学校董事会制度的规定入手，尤其对民办学校董事会董事人数、构成和外部董事的选任机制、权责配置、运行机制和保障机制等方面的相关规定作总体的梳理和分析，掌握董事会制度和外部董事相关规定的现状。

第二，掌握民办学校法人治理结构的研究和实践情况，以及论证董事会作为民办学校法人治理结构中的核心，其在制度实践中与民办学校法人治理中的四大关键问题（办学失范、效能不高、公益不足、公信力不够）的相关性。尤其关注董事会董事人数、构成和外部董事的选任机制、权责配置、运行机制和保障机制的研究情况，以及外部董事在民办学校规范办学、专业治理、强化公益和增强公信力等方面所发挥作用的情况。

第三，对私立学校董事会中外部董事相关制度及其经验进行总结分析，主要探索私立学校以外部董事为主的董事会在学校治理中规范办学、专业治理、强化公益和增强公信力等方面发挥的重要作用。同时，全面梳理私立学校董事会人数、构成以及外部董事的选任机制、权责配置、运行机制和保障机制等方面的制度与实践情况。在此基础上，结合我国民办学校董事会的实际，借鉴私立学校董事会中外部董事相关制度的功能定位和制度内容中的有益经验。

第四，对公司独立董事制度，尤其是我国上市公司独立董事制度的实施现状进行研究，掌握我国现行独立董事制度在规范运作、专业治理、强化监督和增强公信力方面发挥作用的情况，总结分析上市公司董事会人数、构成及独立董事的权责配置、选任机制、运行机制和保障机制等方面的制度，并借鉴其中有益经验。

"他山之石，可以攻玉。"民办学校独立董事制度研究具有极强的"地方性"特色，作为"舶来品"的上市公司董事会独立董事制度已基本深植于中国的国情与传统之中，加之我国民办学校的改革与发展又"独树一帜"，其中从公司董事会独立董事，到学校董事会独立董事，再到民办学校董事会或非营利性民办学校董事会独立董事，这个需要再"本土化"和"行业化"的制度，更需要在民办教育分类管理背景下更"具体化"，其移植、转化、融合和落地的过程注定漫长，仍需理论界和实务界共同持续地学习和创新，而本研究仅仅是一次粗浅的尝试。

八、创新之处

（一）理论层面

在中国特色民办教育理论研究的新时期，面对分类管理框架下的民办学校法人治理结构理论体系研究中诸多重要理论问题，选取并全面、深入、系统研究民办学校独立董事制度，以委托代理理论等各项理论为基础，建构的民办学校独立董事制度的体系框架，可以丰富我国民办学校法人治理理论研究以及深化我国民办学校董事会制度和外部董事相关制度的理论研究。

（二）制度层面

在中国特色民办教育制度创新的新阶段，面对分类管理框架下的民办学校法人治理结构制度供给不足等诸多重大现实问题，选择并科学、规范、系统构建民办学校独立董事制度，研究提出关于在非营利性民办高校建立独立董事制度的建议，推动制定"关于在非营利性民办高校建立独立董事制度的指导意见（试行）"，可以直接服务于民办学校和教育行政部门的相关决策。

众多利益相关者的相互关系。在进一步完善民办学校的内部和外部治理制度的过程中，在保证教育公益性的基础上，充分调动利益相关者共同参与民办学校的制度建设。法人治理理论强调内部治理和外部治理的结合，对于相对封闭的民办学校治理结构来说，独立董事作为外部力量，无论在学校内部的规范办学、治理专业，还是外部的强化公益和增强公信力方面都是难得的选择。

第五，资源依赖理论。董事会的董事如果在组织中具备相关专业能力、工作经验和人脉资源，可以给经营者提供专业知识，助力组织与竞争性环境相衔接。董事的专业能力越强、人脉资源越多、工作经验越丰富，提供决策建议则越全面，咨询功能越好。[1]资源依赖理论主要强调组织的持续发展较大程度上取决于其获取外部资源的能力，可以通过加强与其他相关组织的联系，较快地获得必需的资源，[2]独立董事的引入就是外部人力资源以及其他可能资源的一种获取。

第六，利益相关者理论。组织的管理者为综合平衡各个利益相关者的利益要求而进行管理活动。该理论认为任何一个组织的发展都离不开各利益相关者的投入或参与，组织追求的是利益相关者的整体利益，而不仅仅是某些主体的利益。[3]利益相关者理论强调在战略决策时兼顾众多利益相关方的意见，尤其是在民办学校中，独立董事的独立性特征有利于提高民办学校的公信力。

---

〔1〕　参见郑晓倩："董事会特征对企业风险承担的影响研究"，南京师范大学2016年硕士学位论文。

〔2〕　参见余玉苗等："聘请退休政府官员背景独立董事给上市公司带来好处了吗？"，载《经济评论》2015年第1期。

〔3〕　参见刘炯："企业高管薪酬决策评价体系及其应用研究"，湖南大学2011年硕士学位论文。

三、制度解析

制度是一个社会的博弈规则，或者更规范地说，它们是一些人为设计的、型塑人们互动关系的约束。[1] 这些约束条件既可以是人们在长期实践中无意识形成的非正式的规范，如伦理、道德、习惯，也可以是人们有意识设计或规定的正式规范，如政治、经济、法律、文化等制度。无论是哪种制度，它都具有特定的指引功能，为人类顺利交往提供保障。在正式制度中，法律制度是最主要的类型之一。与其他制度相比，其最大的特点在于以国家强制力为后盾，由职能明确和职权充分的法律机关保障和推动。狭义的法律制度是由法律概念、法律规范和法律原则有机合成的整体，其外在表现形式包括制定法、习惯法及具有法律效力的解释以及特定情况下具有法律效力的法理；而广义的法律制度则是法律、法律机构、法律运行和法律意识的综合体。

民办学校独立董事制度亦包括狭义与广义两种。狭义的民办学校独立董事制度是有关民办学校独立董事的法律概念、法律规范和法律原则的有机结合，集中体现在民办教育法律法规和经济法、商法等法律法规中；广义的民办学校独立董事制度，除包涵上述法律法规外，还涉及与上述法律法规相关的法律机构、法律运行及相关法律意识等。本研究仅仅指狭义的民办学校的独立董事制度。"移植"或"借鉴"特色鲜明的独立董事制度。"法律制度是对作为'类'的社会关系的综合性调整方式"。[2] 对调整

―――――――――

〔1〕 参见〔日〕青木昌彦：《比较制度分析》，周黎安译，上海远东出版社2001年版，第6页。

〔2〕 姚建宗："法律制度构造论"，载《吉林大学社会科学学报》1996年第5期。

某"类"社会关系的法律制度的整体把握，并不在于对各具体法律条文或规范的逐一解释，而是应当从各具体制度中，探寻出该"类"制度设计的基本理念，寻找出其本质所在，只有这样才能深刻理解该制度的内涵，并以此为依据对现行具体制度进行评判，分析利弊，进而提出完善建议。

准确把握民办学校独立董事制度的内涵，关键在于以下三点：第一，如何借鉴现代公司的董事会治理经验，扬弃现代公司董事会中独立董事制度与实践，将其审慎迁移至民办学校董事会制度与实践中；第二，如何在借鉴经验的同时，综合民办学校外部董事制度与实践之得失，特色化民办学校中的独立董事制度，从而使得独立董事制度在民办学校领域中"落地生根"；第三，如何在一般性民办学校独立董事制度框架下，形成分类型、分学段、分层次民办学校独立董事"纵横立体式"的制度体系，并在各具体办学机构中成功运行。

对民办学校的界定以及类型的梳理是本研究写作的基本前提，前者回答了研究对象问题，后者回答了制度设计的思路问题。"学校"的特性注定了该类组织的董事会法律制度不同于普通的公司组织，而民办学校的分类管理，不同类型和层级的学校，董事会及其独立董事的设计必需"各具特色"。总体上，本研究拟以非营利性民办高校独立董事制度的框架设计作为一般性的基础制度，建议国家教育行政部门制定"关于在非营利性民办高校建立独立董事制度的指导意见（试行）"，办学规模大（5 000 人以上）的非营利性民办中小学直接适用"关于在非营利性民办高校建立独立董事制度的指导意见（试行）"；其他非营利性民办中小学、非营利性民办幼儿园，学历性的营利性民办学校参照适用"关于在非营利性民办高校建立独立董事制度的指导意见（试行）"。

第二章 价值论：民办学校独立董事的制度选择

　　董事会独立性是指董事会作为一个独立的行为主体，在决策过程中所体现出来的公正、不偏颇于任何一方利益的价值取向。[1]

——王斌

　　克拉克·克尔（Clark Kerr）和玛丽安·盖德（Marian L. Gade）将外行董事会制度看作是促使美国形成当今世界上最为成功的高等教育体系的六要素之一。[2]民办学校独立董事超越利益关系的独立性使其作为董事会成员，在决策时能最大程度做到公正与客观，而非追求私利而损害学校或举办者利益，有助于更好地发挥董事会的监督功能。[3]

---

[1] 参见王斌："论董事会独立性：对中国实践的思考"，载《会计研究》2006 年第 5 期。

[2] Clark Kerr, Marian L. Gade, *The Guardians: Boards of Trustees of American Colleges and Universities*, Washington, DC: The Association of Governing Boards of Universities and Colleges, 1989, pp. 8～9.

[3] 胡改蓉："国有资产经营公司董事会之构建——基于分类设计的思考"，载《法学》2010 年第 4 期。

一、董事会制度及实践

（一）我国民办学校董事会制度的演进

董事会是民办学校法人治理结构的核心，拥有明确的法律地位及学校的办学决策权，除法律和学校章程另有规定之外，学校所有的权力都由董事会行使，其他利益相关者不得干预。董事会治理的核心在于将利益相关主体的利益诉求，通过博弈和制衡达到总体利益最大化。对于民办学校而言，一个能够有力抵挡举办者不当干预、为学校发展行事、有效监督管理层的董事会是成功运作的关键。而董事会制度又被视为董事会治理的重要基石。

我国民办学校董事会制度的演进伴随着民办教育法律法规的制定与修订向前推进。民办教育领域法律的制定过程从《社会力量办学条例》到原《民促法》，再到新《民促法》，到现在的《民促法实施条例》，既是民办教育法律位阶提升的过程，又是民办教育法律制度更新、完善、细化的过程，同时也是民办学校董事会制度嬗变的过程。至今，民办学校董事会制度的总体框架已基本形成。第一，国务院于1997年7月31日颁布的《社会力量办学条例》（已失效）在第21条首次规定教育机构可以设校董会，非强制性设置且未直接明确为决策机构，明确校董会由举办者或者其代表、教育部门代表和热心教育事业、品行端正的社会人士组成，还规定了举办者推选首批董事，继任董事按照校董会规程选任，经审批机关核准后聘任，以及国家现职工作人员不得兼任董事；第22条明确设立校董会的，由校董会提名校长人选；第23条明确担任教育机构的董事与担任总务、会计、人事关键岗位人员的亲属回避制度。[1]第二，全国人大常委会于 2002 年 12 月 28 日通过颁布的原《民促法》第 19 条明确了董事会的性质是决策机构，第 20 条明确了董事会的组成、当然成员及三分之一董事的资格要求，第 21 条明确了董事会的七项职权；第 22 条明确了董事长可以担任法定代表人。第三，在原《民促法》的基础上，国务院于 2004 年 4 月 1 日施行的《民促法实施条例》做出一些新的突破。[2]一方面，新增了第 19 条董事会负责人的资格要求，必须品行良好、具有政治权利和完全民事行为能力以及国家工作人员不得受聘董事会董事；另一方面，第 20 条明确了董事会"每年至少召开一次会议"和可以临时召开董事会的要求，并且在原《民促法》明确的董事会职权的基础上，将聘任解聘校长、修改学校章程、制定发展规划、审核预决算、决定学校的分立、合并、终止以及学校章程规定的其他事项界定为重大事项，同时要求"经2/3以上组成人员同意方可通过"。

从原《民促法》及《民促法实施条例》颁布到 2016 年 11 月 7 日通过对原《民促法》的修订决定之前，两个重要的政策

---

　　[1]　参见国务院于 1997 年 7 月 31 日颁布的《社会力量办学条例》第 21 条："教育机构可以设立校董会。校董会提出校长或者主要行政负责人的人选，决定教育机构发展、经费筹措、经费预算决算等重大事项。校董会由举办者或者其代表、教育机构工作人员的代表和热心教育事业、品行端正的社会人士组成，其中三分之一以上董事应当具有 5 年以上教育、教学经验。首批董事由举办者推选，以后的董事按照校董会规程推选。董事经审批机关核准后聘任。国家现职工作人员不得兼任教育机构的董事；但是，因特殊需要，经县级以上人民政府或者其有关部门委派的除外。"第 22 条："教育机构的校长或者主要行政负责人负责教学和其他行政管理工作。教育机构的校长或者主要行政负责人的任职条件，参照国家举办的同级同类教育机构的校长或者主要行政负责人的任职条件执行，但是年龄可以适当放宽。教育机构的校长或者主要行政负责人的人选，设立校董会的，由校董会提出；不设立校董会的，由举办者提出，经审批机关核准后聘任。"第 23 条："担任教育机构的董事、校长或者主要行政负责人和担任总务、会计、人事职务的人员之间，实行亲属回避制度。"
　　[2]　参见《民促法实施条例》第 19 条、第 20 条。

的背景下，我们仍应清醒地认识到，在国家的法律法规和其他规范性文件层面，董事会制度仍然缺乏董事会成员资格、选任程序、权利义务与责任、职权行使与职责履行的内容与程序以及条件保障等方面的原则性规定，尤其是社会公众代表和独立董事作为外部董事的相关规定亟待进一步探索创新。

在实务界和理论界，对董事会制度的诟病也都从未停止过，并认为民办学校法人治理中决策的"专制化"、管理的"家族化"、监督的"形式化"、文化的"企业化"等直接导致了办学失范、效能不高、公益不足、公信力不够等问题。另有学者认为，一项制度能否取得实效，除了取决于制度的实施主体及其环境，还取决于制度本身是否优越。总体而言，我国民办学校董事会制度实践难言成功，主要原因在于民办学校举办者是董事会制度的实施主体，而举办者的办学目的或动机可能并不支持董事会制度实施；同时现行的民办学校董事会制度缺乏优越性，难以给民办学校带来更多额外的资本，比如经济资本、文化资本或社会资本等等，[1]以增强民办学校的竞争力，更多的是类似"作茧自缚"的效用。总之，上述两方面原因使得一些民办学校举办者或出资人处心积虑地抵制董事会制度，通过安排自己的亲属或者其信任的代表进入董事会以控制并使之名存实亡，从而导致董事会制度流于形式。[2]

（二）上市公司董事会独立董事制度及其实践

我国上市公司董事会独立董事制度是"舶来品"。国外的独

---

〔1〕 法国社会学家布尔迪厄指出，资本有三种基本形态：一是经济资本，以产权为制度化形式；二是文化资本，它以作品、文凭、学衔为符号，以学位为制度化形式；三是社会资本，它以社会声望、头衔为符号，以社会规范为制度化形式。

〔2〕 参见张水华、查明辉："民办（私立）高校董事会制度的中美比较研究"，载《现代教育科学》2012年第5期。

立董事制度最早起源于美国，[1]并随后在日本、英国、加拿大、我国香港地区得到进一步发展。[2]追溯我国上市公司董事会独

---

〔1〕 早在 20 世纪 30 年代，1930 年美国证监会最早建议公众公司采用外部董事制度。1940 年美国颁布的《投资公司法》中，就明确规定必须有 40% 以上的董事会成员由与投资基金顾问无关联的人组成——包括辅助董事和独立董事。但真正的独立董事制度的兴起，则源于 20 世纪 70 年代末，在公司治理格局由股东会中心主义转移至董事会中心主义的过程中，美国公司治理结构中的先天不足充分暴露出来。1998 年美国密西根州对其公司法进行了修正（《密西根州公司法》第 450 条），在世界上第一次以法律的形式规定了独立董事具体的"独立性标准"，也即独立董事的资格要求，主要是个人能力与独立性方面，并赋予独立董事特别权利来约束公司行为。美国作为典型的一元制治理结构的国家，股东会下设董事会，董事会既承担着决策职能，也承担着监督职能。随着董事会将公司管理权力委托给管理层，管理层权力膨胀而缺乏内部监督，导致了董事会职能失灵，内部人控制由此产生。执行董事掌握着充分的公司经营信息，有足够的时间与精力行使决策职能，但由于缺乏独立性和客观性使得监督职能难以发挥作用，于是独立董事制度作为增加内部监督力量、强化董事会的监督职能的手段逐渐发展起来。

〔2〕 日本在公司治理结构上采用的是大陆法系的二元制模式，同时设有董事会和监事会，而且监事会是公司的常设机构。1950 年以前日本公司主要采用股东大会、股东个体和监事会的三层监控架构，在 1950 年商法修订时引入美国的董事会制度；2002 年 5 月日本国会通过修改商法的决议，确立独立董事制度，此时仅为非强制性规定，公司可以选择采用传统的监事制度模式或者独立董事制度模式。在处理独立董事与监事会之间关系中，《日本公司治理原则》明确，当一个公司中独立董事（外部董事）占多数时，设有独立董事组成的监察委员会的，就应取消监事会以避免职能的重叠与权力的冲突。当一个公司独立董事未组成监察委员会时，就保留监事会，与独立董事共同承担监察职责。[参见陈晓丹："国外独立董事制度实践及对我国的启示"，载《北京科技大学学报（社会科学版）》2004 年第 4 期。]此外，监事会的监督不关涉正当性，仅对董事执行是否合法进行监督，独立董事对正当性与合法性进行双重监督。（参见高垚："论我国上市公司独立董事独立性的法律规制"，河北经贸大学 2017 年硕士学位论文。）20 世纪 80 年代，英国大型上市公司相继倒闭事件以及公司管理层非法侵害公司利益案件表明英国也面临着与美国相似的公司治理困境，在 1992 年末发布《凯德伯瑞报告》，明确规定董事会中非执行董事人数，正式确立独立董事制度。加拿大多伦多证券交易所于 1994 年提出独立董事制度，香港于 1993 年引入独立董事制度，台湾地区在"上市上柜公司审查准则"中首次提出了独立董事制度、不废止监察人制度。（参见熊婧杰："论上市公司独立董事激励与约束机制"，苏州大学 2014 年硕士学位论文。）

立董事的发展历程，首次提及的官方文件是中国证监会于 1997 年颁布的《上市公司章程指引》（证监〔1997〕16 号），其第 112 条规定"公司根据需要可以设立独立董事"，独立董事作为选择性规定出现，即由上市公司自行决定是否设立独立董事。此后，在中国证监会颁布的《关于进一步促进境外上市公司规范运作和深化改革的意见》中，对境外上市公司建立独立董事制度作出规定。独立董事制度的正式建立，始于中国证监会于 2001 年 8 月 16 日发布的《关于在上市公司建立独立董事制度的指导意见》（证监发〔2001〕102 号）；其要求"上市公司应当建立独立董事制度"，并明确了上市公司建立独立董事制度的要求，对独立董事的任职资格、独立性条件、独立董事的选任、独立董事的职权行使与职责履行、独立董事发表独立意见和独立董事职权行使与职责履行的条件保障等方面作出详细的规定，这标志着我国正式引入独立董事制度。

从 2001 年建立至今，我国上市公司独立董事制度已初步构建了以法律、行政法规、部门规章、规范性文件，以及证券交易所相关规则、行业指引等为主体框架的制度体系，尤其是获得公司法律制度层面的正式确认标志着上市公司独立董事制度在我国"落地生根"，上市公司独立董事制度也成功实现了"本土化"。上市公司独立董事制度经历了一个逐步完善的制度化过程，主要发展历程有：第一，在中国证监会于 2002 年 1 月 7 日发布的《上市公司治理准则》（证监发〔2002〕1 号）第三章"董事与董事会"中，以第五节第 49 条、第 50 条、第 51 条共三个条文对独立董事制度作出了原则性规定，并于 2018 年 9 月 30 日再次发布修订后的《上市公司治理准则》（证监会公告〔2018〕29 号），在第三章"董事与董事会"中，第五节第 34、

35、36、37 共四个条文对独立董事作出了原则性规定,更加明确建立独立董事制度、独立董事的选任、权责等原则性要求。第二,第十届全国人民代表大会常务委员会于 2005 年 10 月 27 日修订通过《公司法》,在第四章第五节"上市公司组织机构的特别规定"增加第 123 条,规定上市公司设立独立董事、国务院制定相关具体办法,从而在法律层面对独立董事制度予以正式确认。第三,中国证监会于 2006 年 3 月 16 日发布《上市公司章程指引》(证监公司字〔2006〕38 号),对 1997 年颁布的《上市公司章程指引》作出了修改,在第 46 条、第 69 条和第 104 条,进一步对独立董事作出了规定;此后,2016 年再次修订。第四,中国上市公司协会于 2014 年 9 月 12 日发布《上市公司独立董事履职指引》,对上市公司独立董事的义务与职权,以及职权行使和职责履行的内容与程序及条件保障等进行了细化。这是中国自 2001 年推行这项制度以来首个针对独立董事履职的一般性制度指引,全面深化了《关于在上市公司建立独立董事制度的指导意见》(证监发〔2001〕102 号)关于独立董事履职方面的规定,非常具有操作性和实践性。除了在法律法规、全领域性的指引中对独立董事有一般性的规定之外,在不同行业,尚有诸多行业独立董事的具体制度指引,比如《股份制商业银行独立董事和外部监事制度指引》(中国人民银行公告〔2002〕第 15 号)〔1〕,也构成了我国上市公司独立董事制度体系的一部分。

我国在二元制公司治理结构中引入在一元制公司治理结构

---

〔1〕《股份制商业银行独立董事和外部监事制度指引》(中国人民银行 2002 年 5 月 23 日发布),共计 5 章 34 条,包括第一章独立董事、外部监事的任职资格,第二章独立董事、外部监事的产生、任职和免职,第三章独立董事、外部监事的权利、义务和责任,第四章独立董事、外部监事的报酬和费用,第五章附则。

中培育出来的独立董事制度，是政府主导下的自上而下的强制性制度变迁。[1]二元制公司治理结构，即在已有监事会作为内部监管机构的基础上引入独立董事，独立董事与监事会之间互补成为公司内部监督机制。[2]主要的制度性动因在于遏制大股东操纵下的内部人控制、增强董事会的独立性和强化内部治理的监督效能。[3]英美国家独立董事制度的产生源于分散股权结构，致力于解决第一个层面的代理问题，也即所有者与经营者之间的利益冲突问题，克服股权分散容易产生的内部人控制问

---

〔1〕 陈佳媛："我国上市公司独立董事职能发挥的现实困境及其制度克服"，西南科技大学2017年硕士学位论文。

〔2〕 陈佳媛："我国上市公司独立董事职能发挥的现实困境及其制度克服"，西南科技大学2017年硕士学位论文。

〔3〕 我国在上市公司治理中引入独立董事的制度性缘由，主要是三个方面的原因：第一，遏制大股东操纵下的内部人控制。英美国家分散股权下的股东难以形成对执行层的有效监督，于是产生内部人控制问题。在我国公司治理中产生的内部人控制问题，却是股权过度集中形成的股权结构的结果，是大股东或控股股东操纵下的内部人控制。引入的独立董事，旨在保护中小股东的利益，代表中小股东参与重大事项的决策，强化对董事会决策的监督，以减少一股独大可能对中小股东的利益产生的损害，此为我国引入独立董事制度的直接原因。第二，增强董事会的独立性。董事会作为公司治理的中心，原则上必须代表公司和全体股东的利益，但是实践中董事会不受大股东实际控制的可能性小，并且很容易成为部分股东的利益代表，在董事会成员多为大股东代表以及严重的董事与管理层的职务兼任情况下，董事会的独立性逐渐丧失，于是公司治理中的重要决策公正性无法保证。引入独立董事，可以重塑董事会的内部构造，降低内部董事的比例，促使董事会在经营决策上能够真正意义上代表全体股东，符合全体股东的根本利益。第三，强化内部治理的监督效能。监事会作为公司法定机关，与股东大会、董事会形成分权制衡的公司治理结构，但是在实践操作中，由职工董事和股东代表组成的监事会难以监督制约决策和管理层领导，且一股独大的内部人控制同样延伸到了监事会，加之财务专业知识不足，监事会监督效果也是大打折扣，独立董事制度作为填补监事会监督漏洞与缺陷的补充监督机构，可与监事会共同发挥监督作用。参见陈佳媛："我国上市公司独立董事职能发挥的现实困境及其制度克服"，西南科技大学2017年硕士学位论文。

题。我国引入独立董事制度的主要目的在于克服股权过度集中和保护中小股东利益,致力于解决第二个层面的代理问题,也即大股东与小股东之间的利益冲突问题。在我国十几年的实践中,独立董事制度正在从形式融合走向功能融合,基本完成了从"舶来品"到本土化的转型过程。

从制度、实践到理论研究,可以知道独立董事的功能主要是决策监督和咨询建议,即具有决策监督职能和咨询建议职能。其一,决策监督职能。独立董事作为董事会成员,主要是通过出席董事会会议参与决策,决策职能是独立董事作为一般董事的法定职能。将以独立性为本质特征的独立董事引入董事会,发挥一元制公司治理结构的监督职能,可以避免决策层与执行层之间的合谋行为,以克服内部人控制的问题,此为独立董事强化监事会的监督职能,与监事会共同形成公司治理的内部监督机制。其二,咨询建议职能。独立性作为独立董事发挥职能的基础,同时专业性则是其发挥咨询建议职能的基础,从人力资本理论视角看,独立董事的专业技能经验、知识、声誉等必然成为上市公司的人力资本,[1]可以助力上市公司董事会科学决策。实践表明,独立董事在初级阶段主要发挥咨询专家作用。一项分别以独立董事和上市公司为调查对象、针对上交所和深交所独立董事发挥作用情况的实证调研结果显示,在上交所接受调查的独立董事中,认为主要是发挥专业知识或技术支持方面作用的占比 14.38%,认为主要是发挥监督执行董事和管理层方面作用的占比 10.57%;在深交所接受调查的独立董事中,认

---

〔1〕 参见魏莎、黄珺:"独立董事职能研究综述",载《财会通讯》2015 年第 34 期。

为主要是发挥专业知识或技术支持方面作用的占比 13.6%，认为主要是发挥监督执行董事和管理层方面作用的占比 8.53%。在上交所接受调查的上市公司中，认为独立董事主要是发挥专业知识或技术支持方面作用的上市公司占比 18.1%，认为独立董事主要是发挥监督执行董事和管理层方面作用的上市公司占比 17%；在深交所接受调查的上市公司中，认为独立董事主要是发挥专业知识或技术支持方面作用的上市公司占比 16.13%，认为独立董事主要是发挥监督执行董事和管理层方面作用的上市公司占比 12.57%。[1]

二、董事会的内部结构

通过制度设计赋予董事会自主治理的必要的决策权与监督权，厘清董事会与各利益相关者的法律关系，保障其权力的独立行使，方能使之成为民办学校法人治理的"利器"。董事会的内部结构是董事会有效发挥作用的基础，关系着学校各利益相关方的权力平衡，决定着学校长远发展。董事会内部结构与董事会职能密切相关。董事会职能是建构董事会内部结构的基础，董事会内部结构的具体设计服务董事会职能；董事会职能的实现，需要董事会内部结构的制度设计，缺乏董事会内部结构保障，董事会职能的实现犹如空中楼阁。[2]

我国民办学校董事会的规模大小和成员结构一直是民办教育法律法规董事会制度的主要内容，也是董事会制度的重要基

---

〔1〕 参见赵立新等：《走出困境：独立董事的角色定位、职责与责任》，法律出版社 2010 年版，第 39 页。

〔2〕 参见汪明："美国私立高校董事会制度的特征及启示"，载《黄河科技大学学报》2009 年第 5 期。

础。国务院《社会力量办学条例》第 21 条就直接明确了校董会由举办者或者其代表、教育部门的代表和热心教育事业、品行端正的社会人士组成，全国人大常委会于 2002 年 12 月 28 日通过的原《民促法》第 20 条明确了学校董事会由举办者或者其代表、校长、教职工代表等人员组成，并要求 5 人以上，主要是列举了董事会的当然成员，同时明确董事会的最低人数。随后教育部颁布的《关于鼓励和引导民间资金进入教育领域促进民办教育健康发展的实施意见》（教发〔2012〕10 号）明确要求规范民办学校董事会成员构成，并限定学校举办者代表的比例。新《民促法》颁布实施后，《国务院三十条》明确要求董事会优化人员构成，增加"党组织负责人"和"探索实行独立董事（理事）、监事制度"，教育部和司法部先后发布的《民促法实施条例》修订的过程稿《民促法实施条例（修订草案）征求意见稿》和《民促法实施条例（修订草案）送审稿》明确"党组织负责人"作为董事会的当然成员，以及非营利性民办学校的董事会还应当包括社会公众代表、根据需要设立独立董事。

众所周知，教育是一项综合性的社会活动，涉及政治、经济、文化等各个方面，牵涉举办者、办学者、教师、家长、学生、社区以及社会公共利益多方代表的利益。在民办学校分类管理之前，实践中各民办学校董事会的人数和结构不尽合理，表现为"夫妻店、兄弟连、父子兵"的家族式管理和"子（女）承父（母）业"的代际传承特点；[1] 董事会的封闭性和成员组成的单一性难以反映民办学校利益相关者尤其是社会公

---

〔1〕 参见周海涛、施文妹："完善民办高校法人治理结构的难题与策略"，载《江苏高教》2015 年第 4 期。

众的利益和诉求。在董事会成员构成上，很多民办高校的董事会不能反映各方利益诉求，同时也无主动公开其董事会成员名单的意愿。有学者对 106 所民办高校的调研显示，董事会的规模大小不一，32 所高校董事会为 5 人，占比 30.2%；52 所为 6~10 人，占比 49.1%；16 所为 11~15 人，占比 15.1%；4 所为 16~20 人，占比 3.8%；2 所 21 人以上。[1]另有对宁波 12 所民办学校的问卷调查表明，该 12 所学校均把投资者代表、校级领导代表纳入了民办学校董事会成员，且大多数民办学校的投资者和校级领导代表的董事在董事会中占有绝对优势，其他利益相关者，比如教职工和学生代表、社会贤达、政府代表等难以进入董事会。[2]显然，在我国民办学校及其举办者亟需外部支持之时，却连学校内部利益相关者的支持都尚难获得。清除此类内外部资源支持障碍并激发组织活力的重要举措之一，就是完善学校董事会制度，扩大董事会成员的来源并实现董事成员多元化，更多引入举办者或出资人及其代表以外的董事成员参与决策，实现共同决策和合作治理。[3]在 2012 年，有学者研究认为，在当时我国 600 余所民办普通高校（含独立学院）中，有 60% 左右属于家族式管理。[4]从实践诉求看，一些民办学校的社会评价偏低的主要原因之一就是举办者控制或者家族式管

---

〔1〕 参见王一涛等："我国民办高校董事会实际运行及优化路径研究"，载《教育研究》2015 年第 10 期。

〔2〕 参见黄志兵："民办学校法人治理与董事会构造——以宁波民办学校为例"，宁波大学 2009 硕士学位论文。

〔3〕 参见王文源："中国民办学校组织化建设探讨"，载《教育发展研究》2005 年第 24 期。

〔4〕 参见卢彩晨："家族式民办高校代际传承问题研究"，载《教育研究》2012 年第 9 期。

理，社会各方对创办者子女接班也颇有争议。[1]当前，我国已经进入民办学校领导权代际更替高潮期，完善董事会成员结构和决策机制，是确保民办学校实现可持续发展的重中之重。有调查表明，在欧美发达国家的家族企业中，只有约30%能顺利进入第二代，约10%能进入第三代，能进入第四代的则不足4%。[2]民办学校也应如此，保障董事会独立性，不仅仅是为了从举办者控制型董事会中走出来，更多是为了民办学校的健康可持续的长远发展。

在私立学校的董事会人数方面，根据决策的社会性和公众性需要，只对下限作出要求；在成员构成上，注重吸收利益相关者进入董事会，尤其是美国私立高校，校外人士占绝大多数，形成独特的外部董事主导高校治理模式与经验。英国1988年《教育改革法》规定，高校董事会成员包括现任校长为当然董事、学生家长代表董事5名、教师代表董事1~2名、社区代表董事若干名；法国私立学校董事会成员由教学人员、科研人员、学生、非教学人员，以及六分之一到三分之一的校外人士组成；日本《私立学校法》规定学校法人理事会的理事都在5名以上；美国私立学校董事会总体上人数较多且差异较大，从十余人到几十人不等，但基本上都形成了以董事会为核心的外部人员为主的治理机制，董事会成员结构在一定程度上反映了私立学校资金来源的结构。[3]有学者对美国8所私立

---

〔1〕 参见李维民："民办高校家族式管理的现状与发展趋势"，载《浙江树人大学学报（人文社会科学版）》2014年第5期。

〔2〕 参见宋继文等："中国家族企业的代际传承过程研究——基于组织行为学与社会学的视角"，载《管理学报》2008年第4期。

〔3〕 参见张文国："我国民办学校董事会制度的缺陷及完善——从中外比较的视角分析?"，载《广西政法管理干部学院学报》2013年第2期。

高校董事会的调查显示，麻省理工学院的董事会规模最大，为78人，其次是芝加哥大学，为55人，哈佛大学的董事会规模最小，为13人。[1]实践证明，域外私立学校董事会（以外部董事为主）在学校治理中发挥了重要作用，在规范办学方面，获得充分的自主权；在专业治理方面，保证了决策质量；在公益凸显方面，紧密与社会的关系，符合公共利益要求；在增强公信力方面，作为学校的看护者，对学校的整体利益负责，获得公众的信任。董事会主要由代表型董事和专家型董事两类董事组成，代表型董事可反映各利益相关者的利益诉求，专家型董事可提升董事会的决策水平。由此，董事会成员"代表性"与"专业性"的结构平衡可以成为优化董事会成员结构的一种新思路。[2]

在公司董事会治理中，全美公司董事联合会蓝带委员会发布的《董事的职业化和专业素质》的正式报告认为：独立性应当成为一种专业董事会文化的基调。[3]可见，董事会独立性是董事会制度设计中极其重要的内容之一。在"董事会中心主义"的治理模式下，董事会的独立性是其责任性的基石，基于董事会获得的广泛治理权力，其独立性显得更为重要，成为"董事会中心主义"模式能够正常发挥作用的基础，[4]这也是顺应国

---

〔1〕 参见庄丽君："美国高校董事会制度的特点研究"，载《重庆高教研究》2016年第4期。

〔2〕 参见王一涛等："我国民办高校董事会实际运行及优化路径研究"，载《教育研究》2015年第10期。

〔3〕 参见胡改蓉："国有公司董事会独立性之保障"，载《华东政法大学学报》2010年第6期。

〔4〕 参见胡改蓉："国有公司董事会法律制度研究"，华东政法大学2009年博士学位论文。

外公司董事会治理模式融合与趋同的重要趋势之一。[1]在独立董事制度发源的英美国家,董事会中独立董事的占比已成为判断其独立性的主要标志,美国百强上市公司董事会平均规模为 11 人,其中独立董事占 9 人,在董事会人数中占比达到 82%。[2]

从我国董事会制度与实践诉求、私立学校董事会实践经验和公司独立董事制度的经验看,董事会是学校法人治理结构的核心,董事会能否发挥应有作用,关键在于其是否具备独立性与公正性。[3]长期以来,有学者研究认为,优化董事会成员构成,促进董事会成员多元化,可以建立外部董事制度,外部董事主要聘任来自校外的教育、法律、财务等方面的专家,且不与举办者或出资人有亲属关系或经济上的利益关系。[4]在民办学校分类管理背景下,要实现政府监管与市场运作的平衡,董事多元化的背景必须实现专业能力互补,外部董事的存在可以有效制约与监督举办者董事和执行层董事。

在"董事会中心主义"的治理模式下,学校组织控制权由

---

〔1〕 20 世纪 90 年代以来,以内部监控为主的日德模式、以外部监控为主的英美模式和以家族治理为主的东(南)亚模式三种不同的公司治理模式都面临挑战并在逐步完善。以日德为代表的内部监控模式,开始重视资本市场等市场因素对公司治理的有效作用;以英美为代表的外部监控模式,开始怀疑完全依赖市场监控的有效性,从而把目光转向公司内部,要求独立董事发挥更有效的内部监督作用;以东(南)亚国家和地区为代表的家族模式,也开始借鉴良好公司治理的成功经验,着手进行公司治理的系列改革,也包括加强法律法规建设,注重公司治理规范,强调信息披露监管,引入独立董事制度,以及加强对中小股东的保护,等等。参见丁忠明等:《中国公司董事会治理研究》,合肥工业大学出版社 2009 年版,第 87 页。

〔2〕 参见谢志华等:"独立董事的功能定位",载《会计研究》2016 年第 6 期。

〔3〕 参见李健:"董事会独立性分析",载《清华大学学报(哲学社会科学版)》2000 年第 3 期。

〔4〕 参见张文国:"我国民办学校董事会制度的缺陷及完善——从中外比较的视角分析?",载《广西政法管理干部学院学报》2013 年第 2 期。

学校的董事会来掌握，学校治理结构安排中最核心的问题就是，在董事会成员结构中体现独立性与公正性的价值取向。从对实践的认识和经验的借鉴看，对于民办学校董事会的构成，必须贯穿始终的原则就是，主要根据民办学校非营利性和营利性的分类，辅之以办学层次和类型分类，董事会成员构成应有所不同。总体而言，营利性民办学校应当同时受公司法律法规相关规定的约束，民办学校董事会的相关规定属于特殊规定，就本质而言，应当将其塑造为一个私主体，尽量减少行政干预，以必要的监督监管为原则。营利性民办学校在兼顾公益性的同时，追求投资回报，董事会中倾向于更多具有丰富的市场和教育领域专业知识的管理人员，而非其他代表，以保证学校的办学效益。对于非营利性民办学校而言，非营利性民办学校的董事会排除利益相关者过度干预，在学校与外界的连接环节，使得学校独立的法律地位得到有效保障。非营利性民办学校的董事会应该是一个多元化的"智囊团"，而非举办者设置的"一言堂"。董事会的构成必须保证其利益相关者之间力量的均衡，以公益性为目标进行制度设计。总体上，两类民办学校的董事会都应体现公益性、独立性、专业性、监督性的特点，由学校利益相关者共同组成一个董事会，其实质为一个多方利益博弈的平台，保证董事会独立性的同时兼顾各方利益诉求，促使董事会决策达到学校利益最大化。

三、独立董事制度选择

（一）独立董事制度的引入——董事会独立性保障

"学校董事会是学校的最高决策机构，是学校这个组织肌体的核心部分和指挥中心，是核心竞争力所在。"[1]在分类管理框架下，如何有效保障营利性民办学校董事会，尤其是非营利性民办学校董事会的独立性，进而更好保证办学的公益性方向，成为当前的一个重要课题。举办者控制型董事会的特征，是由外部制度的规范性和资源获得的单一性特征所决定的，尤其是法人属性不清以及有效的决策监督机制缺失。举办者控制、家族化管理与公益性在一定程度上相互矛盾，不符合我国非营利性民办学校发展的现实和可持续发展的理念。如何在一定程度上辩证看待举办者控制董事会，并作相应的制度设计与安排，赋予非营利性民办学校董事会应有的独立性，保证非营利性民办学校办学的公益性方向，是制约我国民办教育发展的一个深层次难题。

"董事会独立性是指董事会作为一个独立的行为主体，在决策过程中所体现出来的公正、不偏颇于任何一方利益的价值取向。"[2]当前，原《民促法》董事会制度不足及举办者控制型董事会偏离公益性，亟待以新《民促法》及其配套政策实施为契机，在利益相关者理论中平等与共治、委托代理理论中的监督与制约、管家理论中的授权与自主、法权理论中的权责对等、公共责任理论中的多元责任等核心要义指引下，凸显民办学校董事会的功能与地位的董事会独立性价值，应当建构一系列的制度予以充分保障。比如，建立包括以独立性为取向的董事会章程、独立董事制度、党组织负责人（督导专员）参与决策制

---

〔1〕　王文源："中国民办学校组织化建设探讨"，载《教育发展研究》2005年第24期。

〔2〕　王斌："论董事会独立性：对中国实践的思考"，载《会计研究》2006年第5期。

度、举办者参与决策制度、董事长制度、独立监事制度和决策公开制度，等等。

当前，民办教育理论界和实务界已渐成共识，面对民办学校法人治理中办学失范、效能不高、公益不足、公信力不够等问题，应充分发挥利益相关者的积极性，以适当的方式增加独立的专家董事、职工董事、学生董事等，并且保证在董事会成员结构有一定占比的教育、法律、财务等方面的专家型董事。还有学者认为，探索建立民办学校外部董事制度，外部董事必须由校外的教育、法律、财务等方面的专家担任，且不与举办者或出资人有亲属关系或经济上的利害关系。[1]另有学者提出在营利性民办学校和独立学院董事会中引入独立董事，探索建立独立董事制度，吸纳社会贤达、教育专家、管理专家出任独立董事，通过董事来源多元化提高董事会决策的科学化。[2]

一般来讲，"政府强制型"制度变迁和"需求诱致型"制度变迁作为制度变迁中不同动力驱动的两条基本路径，前者是把制度作为一个由政府强制导入的独立变量来强力替代原有的制度安排，后者是以原有制度安排下经济主体的自我逐利冲动为制度变迁的诱因逐步取代以致完全取代原有制度的关系。[3]在民办学校董事会制度变迁中，新时代民办教育分类管理的新法新政，已经强制性地要求民办学校董事会成员中增加党组织

---

〔1〕　参见张文国："我国民办学校董事会制度的缺陷及完善——从中外比较的视角分析？"，载《广西政法管理干部学院学报》2013 年第 2 期。

〔2〕　参见周海涛、施文妹："完善民办高校法人治理结构的难题与策略"，载《江苏高教》2015 年第 4 期。

〔3〕　参见卢彩晨："民办高校家族管理的是与非"，载《教育与职业》2008 年第 16 期。

负责人，在非营利性民办学校董事会中还要增加社会公众代表，通过"政府强制型"制度变迁的路径推动董事会制度的完善，同时以鼓励与引导的方式，刺激和诱导民办学校致力于解决办学失范、效能不高、公益不足、公信力不够等问题，探索建立独立董事制度或"根据需要设立独立董事"，以"需求诱致型"制度变迁的路径推动董事会制度的完善。实践证明，家族式管理的民办学校，可以主要通过政府与自身的两方面的努力，实现管理制度和管理方式的现代转型。当前已有一些民办学校举办者主动放弃控制权。比如，西安外事学院自 2015 年开始从家族式管理转型，全部家族成员离开学校关键管理岗位，并从全球招聘德才兼备的高级管理人员；北京城市学院和上海杉达学院也开始转型为校级领导班子不再以家族式接班的方式产生。[1]

哈佛大学前校长德里克·博克指出，美国高等教育制度最突出的特点就是对社会需求能够不断作出快速反应，而这又在某种程度上是由于外部人员为主的董事会制度的存在。[2]在分类管理背景下，选择登记转设为非营利性民办学校的举办者，在原有制度与实践的惯性之下，尽管其已经在法律上成为捐资办学的举办者，实际上已经不拥有对学校法人财产的所有权，但实际上掌握学校诸多事项决定权的可能性非常大，甚至牢牢控制民办学校。非营利性民办学校表面上是非所有者和非分配约束，获得了独立的法人治理地位，实则难以脱离举办者控制的窠臼。在民办学校可能缺乏独立地位的情况下，如何让民办

---

〔1〕 参见金成、王华："经济回报、权力获得与自我实现——我国民办高校举办者办学动机探究"，载《教育发展研究》2016 年第 21 期。
〔2〕 参见汪明："美国私立高校董事会制度的特征及启示"，载《黄河科技大学学报》2009 年第 5 期。

的基本理念，又要体现其特殊性，针对民办学校进行"个性化"独立董事的法律制度设计。对于营利性民办学校和教育培训机构与公司相同的独立董事制度，在此尽量不过多论述，以此突出"民办学校"中的"学校"，尤其是"非营利性民办学校"的特性。在各部分的论述中，尝试先对"民办学校"个性进行剖析，并在此基础上进行独立董事法律制度构建。

综合考虑，本研究主要提出关于在非营利性民办高校建立独立董事制度的基本建议，包括学校独立董事的内涵，强制建立的必要性，独立董事的资格与条件以及选任程序，独立董事的权利、义务与责任，独立董事职权行使与职责履行的内容与程序以及保障条件等内容，建议国家教育行政部门制定"关于在非营利性民办高校建立独立董事制度的指导意见（试行）"，同时明确非营利性中小学、幼儿园，以及学历性的营利性民办学校等不同类型的民办学校参照适用非营利性民办高校的基本制度设计。

第三章　选任论：民办学校独立董事的选任机制

> 董事会的好坏取决于其成员的优劣。[1]
>
> ——克拉克·克尔

民办学校的独立董事资格与条件，以及选任程序等相关规定，是独立董事制度的基础内容。民办学校独立董事的选任，必须在科学合理设计民办学校董事会的独立董事占比要求及人数的基础上，明确独立董事行使职权和履行职责所要求的品德性、专业性、经验性，设定独立董事一般资格条件，明确独立性要求，并按照独立董事的独立性要求设计相应的提名、选举要求与程序、独立性审查、任期任届规定以及退出情形及其程序规定。

一、实践与制度诉求

新《民促法》的修订不涉及董事会董事资格与条件方面的内容，但是《社会力量办学条例》第21条、修订前的原《民促法》

---

[1] 转引自欧阳光华：《董事、校长与教授：美国大学治理结构研究》，高等教育出版社2011年版，第121页。

第 20 条和新《民促法》均一致有要求董事会成员中三分之一以上董事应当具有五年以上教育教学经验的规定，间接强调了董事的专业背景或实践经验，凸显董事会决策专业性和科学性要求。

除法律层面的规定外，关于董事会董事资格与条件，在实施《民促法》的条例及相关修订草案中有一些明显的进展。比如，在《民促法实施条例》第 19 条明确了董事会的负责人应当品行良好、具有政治权利和完全民事行为能力，以及国家机关工作人员不得担任董事会董事。[1]在《民促法实施条例》修订过程中的《民促法实施条例（修订草案）征求意见稿》第 24 条，对董事会负责人的资格做了调整，除了应当品性良好、具有政治权利和完全民事行为能力以及非国家机关工作人员外，还增加了中国国籍、在中国境内定居和信用状况良好、无故意犯罪或者教育领域不良从业记录的要求。[2]在《民促法实施条例（修订草案）送审稿》中坚持了《民促法实施条例（修订草案）征求意见稿》对董事会负责人的资格要求的修订。[3]

值得注意的是，一些民办教育新法新政中有零散的关于董事会董事的资格和选任规定。第一，《国务院三十条》《党组织建设意见》《民促法实施条例（修订草案）征求意见稿》《民促法实施条例（修订草案）送审稿》均已将民办学校组织负责人作为董事会的当然成员，[4]其中《党组织建设意见》对党组织

---

〔1〕 参见《民促法实施条例》第 19 条。

〔2〕 参见《民促法实施条例（修订草案）征求意见稿》第 24 条。

〔3〕 参见《民促法实施条例（修订草案）送审稿》第 25 条。

〔4〕 参见《国务院三十条》第 19 条、《党组织建设意见》第四部分、《民促法实施条例（修订草案）征求意见稿》第 25 条和《民促法实施条例（修订草案）送审稿》第 26 条。

负责人兼任政府督导员，以及其同时作为外部董事的资格和选任标准提出要求，要求政治标准第一，政治素质过硬、熟悉党建工作、懂教育善管理、有奉献精神，坚持信念坚定、为民服务、勤政务实、敢于担当、清正廉洁的好干部标准，突出讲政治的教育家要求，选配民办高校党组织书记，按党性观念强，专业素质强的"双强型"标准选任民办中小学校党组织书记。[1]第二，《监督管理细则》对董事的消极资格条件作出规定，明确有犯罪记录、无民事行为能力或者被限制行为能力者不得担任董事。[2]第三，教育部 2018 年在小范围征求意见时发布的《民办高等学校内部治理实施细则（征求意见稿)》第 11 条明确，第一届董事由学校举办者或者发起人提名，继任董事由董事会提名并选举产生，以及非营利性民办学校的决策机构还可以包含社会公众代表，由主管机关委托行业协会或者其他群众组织推荐。

在国家层面的民办教育法律法规对董事会成员的资格及选任程序缺失的情况下，在地方层面出于规范、指导、操作的需要，有一些代表性的规范性文件。以北京市教育委员会关于印发《北京市民办高校决策机构组成人员名单备案办法》的通知（京教民〔2009〕10 号）的相关规定为例，[3]其在董事会成员的构成、资格及选任上有原则性的要求，并超出了原《民促法》及其《民促法实施条例》的规定，也能与新《民促法》实现衔

---

〔1〕 参见《党组织建设意见》"四、选好管好民办学校党组织书记"。

〔2〕 参见《监督管理细则》第 19 条："有犯罪记录、无民事行为能力或者限制行为能力者不得在学校董事会、监事会、行政机构任职。一个自然人不得同时在同一所学校的董事会、监事会任职。"

〔3〕 参见北京市教育委员会关于印发《北京市民办高校决策机构组成人员名单备案办法》的通知（京教民〔2009〕10 号）第 2 条、第 3 条。

接而不抵触。比如，民办高校首届组成人员由举办者推选；国家机关工作人员不得担任民办高校决策机构成员；决策机构组成人员实行任期制，并由学校章程规定具体任期，任期原则上为 3~5 年；决策机构负责人必须品行良好，享有政治权利并具有完全民事行为能力，还必须依据学校章程的规定选任决策机构负责人；符合条件的学校举办者或其代表可直接进入决策机构成为董事，如果举办者（组织或自然人）数量较多的，必须推选举办者代表参加，且举办者代表人数不得超过决策机构成员的 1/3；教职工代表通过教代会或教职工推选；校长经核准任职、校级党组织负责人经上级委任或同意后即为决策机构组成人员，等等。

在学校层面，有学者通过对 105 所民办本科高校章程实证调研显示，虽然 105 所民办本科高校都有关于董事会的相应表述，但是仅 38 所高校（占 36.2%）在其章程中完整表述了董事会产生办法、成员构成及职责；有 61 所高校（占 58.1%）未明确或完整规定董事会成员的产生方法；有 2 所高校（占 1.9%）未明确规定董事会的职责；有 4 所高校（占 3.8%）既未明确董事会成员的产生方法，也未明确规定董事会职责。显然，众多民办高校在章程中有意无意地忽略董事会成员的产生办法，根本原因在于民办高校举办者为保障自身对学校的控制权而选择出资者单边治理模式。[1]

总的来看，在中央和地方制度性文件，甚至民办学校学校章程、董事会章程中，对董事的资格与条件的规定都不全面、

---

[1] 参见王维坤："治理视角下中国民办高校章程表达研究"，大连理工大学 2018 年博士学位论文。

不完善，而且在董事的选任规定方面也存在诸多的问题，在董事会中外部董事的资格与条件、选任程序规定方面也乏善可陈。同样是来自对 105 所民办本科高校章程调研的结果显示，有 22 所高校（占 21%）规定董事会成员中包括社会贤达（指热心教育事业、品行端正的社会人士、教育专家和对学校有突出贡献的人员、学者），另有 17 所高校（占 16.2%）规定董事会成员中包括企业界人士。[1]实践中，在当前民办学校董事会成员的产生中，民办学校的举办者及其代表、校长和党组织负责人是当然的董事，不用经过选任程序，教职工代表一般应当通过教代会的选举产生，一些社会贤达通过举办者的聘请或董事会的聘任成为董事会的董事，并无特别的资格条件或选任程序。[2]

实践证明，一些来自于外部的社会贤达作为专业人员参与民办学校董事会的决策，无法达到应有的治理效果。尤其是在举办者控制或家族式管理的高校中，举办者或出资人的亲属关系成员在董事会中占据重要位置，社会贤达等外部董事的头衔多是象征性的，发挥装点门面的作用，董事会基本成了应付法律规定的制度化形式。[3]在民办学校董事会董事资格和选任程序方面的法律法规不尽完善的情况下，有学者研究认为，我国民办学校董事会的董事资格应该至少包括：具有完全民事行为能力；未曾受过刑事处罚的人；不同时担任监事；不在亲属回

〔1〕 参见王维坤："治理视角下中国民办高校章程表达研究"，大连理工大学2018 年博士学位论文。
〔2〕 参见赵宇宏、王义宁："结构功能主义视角下两类民办高校董事会制度的差异化设计"，载《浙江树人大学学报（人文社会科学）》2018 年第 5 期。
〔3〕 参见方铭琳："提升民办高校核心竞争力的管理体制研究"，载《民办高等教育研究》2004 年第 1 期。

避的范围内；在本国居住；不同时担任其他学校的董事及与本学校有竞争性业务的其他单位负责人。[1]还有学者认为，就董事会组成人员的产生而言，过多的人把注意力集中在诸如是否具有民事能力、是否受过刑事处罚或是否是亲属或其他利益关系人等方面，对如何提高董事的履职能力却关注甚少，不是想办法把董事会建设成可靠的领导核心，而是把它作为防范的对象。[2]

二、相关参照与借鉴

（一）私立学校董事会外部董事选任机制的参照与借鉴

关于私立学校董事会董事或外部董事的资格与条件，以及选任程序规定方面，对于私立学校的董事资格而言，一般限制董事之间的有利害关系人员的比例，以及对行为能力和违法记录比较关注，同时募集经费的能力实为董事应具备的第一要素。在董事的选任和退出上，大多数私立学校的章程和董事会章程会有规定，包括当然董事成员和选举的董事成员，一般经由董事会现任董事选举产生和退出。在选任董事会成员时，大多数私立学校遵循自我调节的原则，即由现董事会成员选举未来的董事会成员，同时选任方式多种多样。

来自美国私立高校的实践经验，对我国民办学校董事会外部董事的资格和条件，以及选任程序有一定的参照作用。有学者对美国 8 所私立高校董事会调研结果显示，每所高校的董事

---

〔1〕　参见黄清云、董圣足："抓住五个环节　建立健全民办高校决策制度"，载《中国高等教育》2009 年第 20 期。

〔2〕　参见胡大白："关于民办高校董事会建设问题的思考"，载《中国成人教育》2016 年第 17 期。

会成员都有明确的任期和年龄限制，4至8年不等，其中达特茅斯学院董事会成员每届任期最短（4年），普林斯顿大学董事会成员的任期最长（8年）。8所高校都对董事的任职年龄和连任作出了规定，董事不能超过75岁，只能连任2届。董事会成员的任职期限通常相对错开，以减少一些董事在某一特定时间同时离任，以确保董事会运行的稳定性。现任董事投票选举、校友选举、州官员任命、公开选举、当然成员和其他方式是美国高校董事会成员产生的主要方式。对20世纪40年代的30所美国顶尖高校董事会的调查显示，董事会成员产生的主要方式是现任董事投票选举的，占比62.2%，校友选举产生的董事占比21.5%；就8所样本私立高校董事会成员的产生来看，董事产生的主要方式依然是现任董事投票选举，校友选举产生董事的占比亦有明显提高。[1]实践表明，董事会成员选任方式是多种多样的。以康奈尔大学为例，该校董事会成员共42人，其中21人由原董事会选举、8人由校友选举、2人由教师选举、2人由学生选举、1人由学校雇佣人员选举、3人由纽约州长指定、4人（州长、州参议院议长、州众议院发言人、大学校长）是当然董事，学校创办者埃兹拉·康奈尔嫡系长子为终身董事。[2]再比如，美国耶鲁大学董事会成员有19人，其中分别是校长、康涅狄格州州长与副州长3人；原董事之继承人，也即由现任董事选出他们自己的继承人10人；校友直接选出的

---

〔1〕 参见庄丽君：“美国高校董事会制度的特点研究”，载《重庆高教研究》2016年第4期。

〔2〕 参见汪明：“美国私立高校董事会制度的特征及启示”，载《黄河科技大学学报》2009年第5期。

校友董事 6 人。[1]

台湾地区私立高校董事会董事的资格与条件，以及选任程序也有一定的借鉴意义。台湾地区私立高校董事会成员人数大多是 7 至 21 人，董事长作为法定代表人对外代表学校。首任董事长一般由举办者担任，其余董事由举办者依规定提名选任。私立高校举办者作为当然董事，可以不经过选举而连任，其他成员每届任期 3 年，可以连选连任。较大比例董事会成员由举办者或其亲属以及教育、经济等专业领域的专家组成，其中 1/3 以上成员必须具有教育领域的工作经验。通过对董事资格与权限的规范与设计，力求避免家族化管理和有效保证董事会独立性，即除了任职资格、能力受限的人员以及私立高校主管教育部门人员不兼任董事以外，台湾地区"私立学校法"明确规定董事会的董事之间有配偶及三亲等以内血亲、姻亲关系的成员不能超过 1/3，防止董事会家族控制。[2]在我国台湾地区，也未就外部董事的选举另立规矩，与一般董事的选任相同。[3]

（二）上市公司董事会独立董事选任机制的相关参照与借鉴

上市公司独立董事任职资格、独立性要求、选任程序等相关规定，是独立董事制度的基本内容。在上市公司独立董事的法律制度体系中，对于独立董事的选任规定，散见于《公司法》等相关法律、行政法规、部门规章、规范性文件、自律规则之

---

〔1〕　参见刘熙："法人治理体系下民办普通高校董事会制度研究"，载《浙江树人大学学报（人文社会科学）》2016 年第 2 期。

〔2〕　参见尹滔："台湾私立高校董事会制度探究"，载《湖北函授大学学报》2014 年第 4 期。

〔3〕　参见陈春山：《董事责任及独立董事》，学林文化事业有限公司 2002 年版，第 67 页。

中，其中《公司法》作出了建立独立董事制度的原则性规定，《关于在上市公司建立独立董事制度的指导意见》《上市公司治理准则》作了全面规定，涉及独立董事的资格、独立性内涵、选任程序等重要内容。此外，中国上市公司协会于2014年9月12日发布的《上市公司独立董事履职指引》和中国证监会2006年3月16日发布的《上市公司章程指引》（2019年修订）未对独立董事选任作规定。

中国证监会2001年发布的《关于在上市公司建立独立董事制度的指导意见》中的第一部分明确要求上市公司建立独立董事制度，直接对独立董事的内涵与外延作了界定，明确上市公司独立董事必须是不在公司担任除董事外的其他职务，而且要求与其所受聘的上市公司及其主要股东不存在可能影响其进行独立客观判断的关系的董事，揭示了上市公司独立董事的独立性特征。第二部分明确了独立董事应当具备与其行使职权相适应的任职条件，对上市公司董事资格的一般条件、独立性要求、上市公司运作的知识与法规要求、五年相关工作经验以及公司章程规定的其他条件作出了具体规定，这些条件一般视为独立董事资格的积极条件。[1]第三部分明确了独立董事必须具有独立性，并从亲属与社会关系、关联关系、持股关系、工作关系等方面列举了七个方面的情形，排除了"不得担任独立董事"的相关人员，也即不具备独立性要求的人员，此为独立董事资格的消极要件。[2]在第四部分明确了独立董事的提名、选举和

---

〔1〕 参见中国证监会于2001年8月16日发布《关于在上市公司建立独立董事制度的指导意见》"一、上市公司应当建立独立董事制度"。

〔2〕 参见中国证监会于2001年8月16日发布《关于在上市公司建立独立董事制度的指导意见》"三、独立董事必须具有独立性"。

1. 任职资格与独立性条件。任职资格：（1）根据新《民促法》及其实施条例等相关法律法规及其他有关规定，具备担任学校董事的一般资格；（2）符合规定的独立性条件；（3）具备与学校层次和类型等相适应、与其行使职权相适应的行业专门知识，熟悉相关法律法规及政策；（4）具备五年以上教育、法律、财务等领域的工作经验；（5）学校章程规定的其他条件。

独立性条件：独立董事不得具有下列任一情形：（1）在学校或者其附属组织任职的人员及其直系亲属、主要社会关系[1]；（2）个人举办者或捐赠者及其直系亲属；（3）在单位举办者或捐赠者中任职的人员及其直系亲属；（4）近一年内曾经具有前三项所列举情形的人员；（5）为学校及其附属组织提供教育、法律、财务等专业服务的人员；（6）学校章程规定的其他人员；（7）教育行政部门认定的其他人员。

总体上，独立董事的任职资格与条件、选任程序必须符合有关规定。独立董事不得在非营利性民办高校兼任除董事会专门委员会委员外的其他职务，不得与其所受聘的非营利性民办高校及其利益相关者存在可能影响其进行独立客观判断的关系。

2. 独立董事的提名、选举和更换。基本原则：（1）在学校章程中明确独立董事提名、选举程序必须严格、规范和透明，保障独立董事选任公开、公平、公正；（2）独立董事候选人书面同意提名并承诺当选后切实履行董事职责，并公开全部资料；（3）学校与独立董事签订合同，明确权利、义务与责任、期限及合同解除等内容。

---

[1] 直系亲属是指配偶、父母、子女等；主要社会关系是指兄弟姐妹、岳父母、儿媳女婿、兄弟姐妹的配偶、配偶的兄弟姐妹等。

基本程序：（1）学校董事会、监事会（或执行监事）、举办者可以单独或者联合提出独立董事候选人，并按规定程序由董事会选任。首届董事会中独立董事由举办者或教育部门聘任。有条件的非营利性民办高校，可以考虑借鉴国外通行做法，通过提名委员会提名独立董事可以保证独立董事提名的客观性与公允性。具体做法是，在董事会下设提名委员会，并赋予其董事提名权，并明确提名委员会作为董事会的一个常设委员会，其人员主要由独立董事组成。（2）独立董事的提名人必须征得被提名人的同意。提名人必须了解被提名人学历、职称、职业、工作经历（含兼职）等情况，并发表关于独立董事的资格与独立性的意见，被提名人公开发表本人与学校之间不存在任何影响其独立客观判断关系的声明。（3）在董事会召开独立董事的选举会议前，学校应将所有被提名人的有关材料同时报送有关教育行政部门、民办教育协会，对独立董事的任职资格和独立性进行审核。（4）董事会成员原则上应当至少包括1/5的独立董事，独立董事每届任期与其他董事任期相同，任期届满，连选可以连任，不得超过两届。（5）独立董事连续三次缺席董事会会议的，由监事会（执行监事）提请董事会解聘。（6）独立董事可以在任期届满前向董事会提交书面辞职报告辞职，对任何与其辞职有关或其认为有必要引起学校举办者或利益相关者注意的情况予以说明。

（二）分类选择

民办学校董事会的规模及成员构成应当符合法律规定的要求，董事会成员应当具备履行职责所必需的知识、能力和素质，成员专业结构必须合理，鼓励董事会成员多元化。关于独立董事的资格与条件以及选任程序，在建议国家教育行政部门制定的"关于在非营利性民办高校建立独立董事制度的指导意见（试行）"中，还需要明确以下几点：

1. 办学规模大（5 000 人以上）的非营利性民办中小学直接适用"关于在非营利性民办高校建立独立董事制度的指导意见（试行）"。

2. 其他非营利性民办中小学、非营利性民办幼儿园董事会成员至少应当包括 1 名独立董事，参照适用"关于在非营利性民办高校建立独立董事制度的指导意见（试行）"。

3. 学历性的营利性民办学校参照适用"关于在非营利性民办高校建立独立董事制度的指导意见（试行）"，要同时符合《公司法》关于董事和独立董事的资格与条件，以及选任相关要求。比如，营利性民办高校的董事任期中，在民办教育法律法规无相应规定时，必须遵循公司法律法规的相关规定，每届董事任期 3 年，独立董事同时也应当是 3 年。[1]

4. 可以考虑在教育行政部门建立独立董事专家库，或在民办教育协会中成立独立董事协会，进行独立董事资格化，并明确其作为自律性组织的职业准则和道德规范，定期对独立董事进行培训和考核，并对独立董事的任职情况进行行业评价。[2]

---

〔1〕 我国《公司法》第 45 条规定："董事任期由公司章程规定，但每届任期不得超过三年。"在我国《民办教育促进法》等法律中没有对董事的任期作出规定。仅仅在教育部《民办高等学校办学管理若干规定》中明确了校长、督导专员的任期原则上为 4 年。实践中，一些民办高校的董事任期选择 4 年。在分类管理之后，对于营利性民办学校而言，应该符合《公司法》的相关规定，即董事任期不得超过 3 年。

〔2〕 参见毛政发："独立董事制度研究"，中共中央党校 2003 年博士学位论文。

第四章　权责论：民办学校独立董事的权责配置

> 在钱财的处理上，合股公司的董事，总像是为他人尽力，若私人合伙公司的伙员，则纯是为自己打算。所以，要想合股公司董事们监视钱财用途，像私人合伙公司伙员那样用意周到，那是难以做到的……疏忽和浪费，常为合股公司业务经营上多少难免的弊窦。[1]
>
> ——亚当·斯密

　　民办学校的独立董事的权利、义务与责任等相关规定，是独立董事制度的核心内容。一个较好的制度安排是：剩余索取权与控制权必须尽可能对应，即拥有剩余索取权和承担风险的人拥有控制权；或者反之，拥有控制权的人必须承担风险。[2]民办学校独立董事的权责配置，核心要义在于通过权利与义务的明确制度安排、否定的法律责任评价或规范或威慑而促使独立董事恪尽职守。

---

　　〔1〕　〔英〕亚当·斯密：《国富论（下）》，郭大力、王亚南译，译林出版社2011年版，第286页。
　　〔2〕　参见张维迎："所有制、治理结构及委托—代理关系——兼评崔之元和周其仁的一些观点"，载《经济研究》1996年第9期。

一、实践与制度诉求

新《民促法》修订中不涉及董事会董事权利、义务与责任方面的内容，在修订前的《民促法》中也未有董事会在此方面的原则性规定。在《民促法实施条例》《民促法实施条例（修订草案）征求意见稿》《民促法实施条例（修订草案）送审稿》中也未对董事会董事的权利、义务与责任作出相关规定。值得注意的是，前述《民促法实施条例》中规定了关于在非营利性民办学校的董事会强制性要求增加社会公众代表的董事和鼓励根据需要设立独立董事的规定。但是，此为在法律和行政法规层面仅有的关于民办学校外部董事的原则性规定，也未有社会公众代表和独立董事的权利、义务与责任的相关规定。

实践中，一般民办学校的董事会成员主要是举办者（出资人）或其代表、校长、党组织负责人及教职工代表等利益相关者，也有一些学校选任无直接利益关系的社会贤达出任董事。学校章程或董事会章程一般赋予董事知情权、表决权、建议权、提名权、提案权、质询权以及监督权等董事权利，并明确董事负有忠实、勤勉履职、维护学校利益等义务，以及董事如不能履行相关职责，则可能丧失董事资格，对学校造成损失还要承担赔偿责任。[1]值得注意的是，在一些民办学校中，尽管也注重引进非举办者或出资人董事，聘请教育界知名人士、专家及其他社会贤达为董事会成员，但是事实上董事对这些名人、专

---

[1] 参见刘熙："法人治理体系下民办普通高校董事会制度研究"，载《浙江树人大学学报（人文社会科学）》2016年第2期。

家很多只是一种头衔甚至荣誉，他们并未行使董事的权利，甚至难得参加董事会的例会，董事会讨论事项的决定权集中在董事长或以董事长为中心的少数人手中。[1]民办学校聘请这些董事主要为提高学校知名度和社会影响力，而这些人士受聘董事的目的也主要是获得物质或者非物质的某些收益。双方的主要目的均背离董事会治理的目标。

总之，我国现行法律法规在民办学校董事会董事的权利、义务与责任方面的规定是空白的，一些民办学校的章程和董事会章程虽有所体现，不过在缺乏法律强制性规定的情况下，更多流于形式、难以发挥实效。显然，对于民办学校董事会中的外部董事的权利、义务与责任，更是无专门的相关规范性文件。

二、相关参照与借鉴

（一）私立学校董事会外部董事权责配置的参照与借鉴

美国董事会的董事，包括主要的外部董事，均具有一般决策机构的权利，同时也要承担违背忠实与勤勉等义务的个人责任。正如威廉·S. 泰勒教授所说："美国的学院及其来自社群的董事们，是一条相互影响的磁链，通过这条磁链，思想火花从学院传到社群，生命从社群流回学院，结果是学院使社群免遭愚昧之害，而社群则防止陷入一种僧侣式腐败和经院式宣读的不适当倾向。"[2]"美国私立大学的董事会成员中的校外人员占

---

〔1〕 参见韩艳："民办高校董事会制度的运行与制衡机制构建"，载《浙江树人大学学报》2006 年第 2 期。

〔2〕 ［美］丹尼尔·J. 布尔斯廷：《美国人：建国的经历》，谢延光等译，上海译文出版社 1989 年版，第 247～248 页。

了多数，是典型的'外行董事会（Lay-board）'"。[1]这一外行董事会制度赋予了美国高校较为充分的自主权，使其既不受政府的完全控制，又不受内部共同体成员的独自支配，保持与社会的紧密关系，符合公共利益要求。美国高等教育界认为，校外人士比校内人士更能代表公众的利益，董事会主要由校外人士组成，其主要职责是为学校募集经费，以至于美国私立高校一直由校外人士控制董事会。董事会从法律上对学校的行为和发展负责，从名义上是学校资产的拥有者，并保证把学校的资产用于教育目的。学校的董事会中半数以上的董事分别代表校友、社区居民、企业界人士以及其他对学校发展有帮助的人士。[2]美国私立高校董事会的董事都对高校负有忠实和关注义务等受托责任，一旦违背这些受托义务，就必须为自己的行为或决策承担个人责任。

各国均试图根据本国国情与传统实现对教育的基本监管权与学校自主权之间的平衡，在保持私立学校的特色的同时，又使私立学校的办学符合公共利益的诉求。[3]一般而言，私立学校并无独立董事的法律规定，已有的外部董事的权利、义务与责任与董事会其他成员也无根本性的区别，并不见有专门的外部董事的相关规定。但是，私立高校董事会制度中，无论美国还是欧洲，在学校章程或董事会章程中，均有一些关于董事行

---

〔1〕　Martin Anderson, *Imposters in the Temple: a Blueprint for Improving Higher Education in America*, California: Hoover Institution Press, 1998.

〔2〕　参见阎凤桥："美国私立高等教育特征分析"，载《民办教育研究》2003年第3期。

〔3〕　参见徐广宇："关于民办学校若干问题的法律思考"，载《教育科学》1995年第2期。

使职权和履行职责的程序，以及董事会的决策事项和专门委员会组织的相关事项规定，但是对董事的权责融合在董事会的相关制度及其运行之中，尚未见有专门的研究，对董事会外部董事职权和职责作出特别规定的比较少见。

此外，有学者研究认为，美国私立学校以外部人员为主的董事会的积极作用是显而易见的，但同时也存在着主要由不懂教育规律和学校管理却掌握着学校大政方针决策权的校外人士组成的董事会，在一定程度上减损决策科学性的问题，以及董事会成员中过多工商界人士的存在使得捐资者可能控制学校发展方向的问题。[1]

（二）上市公司董事会独立董事权责配置的相关参照与借鉴

上市公司独立董事职权和义务、责任之规定，是独立董事制度的核心内容。在上市公司独立董事的法律制度体系中，对于独立董事的权责规定，散见于《公司法》等相关法律、行政法规、部门规章、规范性文件、自律规则之中，其中《公司法》作出了原则性规定，主要在中国证监会 2001 年发布的《关于在上市公司建立独立董事制度的指导意见》《上市公司治理准则》中作出了框架性的规定，同时在《上市公司独立董事履职指引》作出了全面的规定，形成关于独立董事职权、义务与责任的重要内容。

在《关于在上市公司建立独立董事制度的指导意见》中，第一部分"上市公司应当建立独立董事制度"，明确了独立董事对上市公司及全体股东负有的诚信与勤勉义务、独立履行职责、原则上兼任不超过五家上市公司以及上市公司董事会成员中不少于三分之一独立董事的要求和独立董事按规定参加培训的要

---

〔1〕 参见刘宝存："美国私立高等学校的董事会制度评析"，载《比较教育研究》2000 年第 5 期。

求。[1]第五部分"上市公司应当充分发挥独立董事的作用"，明确了独立董事在《公司法》《中华人民共和国证券法》（以下简称《证券法》）等法律法规所赋予董事的一般职权之外，上市公司还必须赋予独立董事重大关联交易认可、会计师事务所聘用或解聘、召开临时股东大会提议、召开董事会提议、外部审计或咨询机构聘请以及在股东大会召开前向股东征集投票权等六方面的特别职权。[2]第六部分"独立董事应当对上市公司重大事项发表独立意见"，明确了独立董事还必须对董事的提名任免，高级管理人的聘任或解聘，公司董事及高级管理人员薪酬，上市公司的股东、实际控制人及其关联企业的关联交易，中小股东权益可能受到的损害，以及公司章程规定的其他事项等向董事会或股东大会发表独立意见。[3]

中国证监会 2002 年 1 月 7 日发布的《上市公司治理准则》（2018 年 9 月 30 日再次修订）中分别在第 36 条和第 37 条对独立董事的职权和义务作出原则性规定，明确独立董事除享有董事的一般职权，还享有法律法规以及公司章程赋予的特别职权，

---

〔1〕 参见中国证监会于 2001 年 8 月 16 日发布《关于在上市公司建立独立董事制度的指导意见》"一、上市公司应当建立独立董事制度"。

〔2〕 参见中国证监会于 2001 年 8 月 16 日发布《关于在上市公司建立独立董事制度的指导意见》"五、上市公司应当充分发挥独立董事的作用"。

〔3〕 中国证监会于 2001 年 8 月 16 日发布《关于在上市公司建立独立董事制度的指导意见》"六、独立董事应当对上市公司重大事项发表独立意见。（一）独立董事除履行上述职责外，还应当对以下事项向董事会或股东大会发表独立意见：1. 提名、任免董事；2. 聘任或解聘高级管理人员；3. 公司董事、高级管理人员的薪酬；4. 上市公司的股东、实际控制人及其关联企业对上市公司现有或新发生的总额高于 300 万元或高于上市公司最近经审计净资产值的 5% 的借款或其他资金往来，以及公司是否采取有效措施回收欠款；5. 独立董事认为可能损害中小股东权益的事项；6. 公司章程规定的其他事项。"

还规定了独立董事应当依法履行董事义务，维护上市公司和全体股东的整体利益，尤其要注重保护中小股东的合法权益，重申和强调了《关于在上市公司建立独立董事制度的指导意见》中关于独立董事职权和义务的主要内容。[1]中国证监会 2006 年 3 月 16 日发布的《上市公司章程指引》（2019 年修订）中第 46 条赋予独立董事向董事会提议召开临时股东大会的权利，第 69 条明确了独立董事在股东大会上作述职报告的义务，以及第 104 条明确独立董事其他相关事宜按照法律法规规章的有关规定执行。[2]

中国上市公司协会于 2014 年 9 月 12 日发布的《上市公司独立董事履职指引》中，在第二章专门就"独立董事的义务"作出规定，明确了上市公司独立董事负有《公司法》《证券法》《上市公司治理准则》及其他法律、行政法规、部门规章与公司章程要求董事的一般义务，以及对上市公司及全体股东负有诚信、勤勉的义务，还明确了独立董事必须保持身份和履职独立性的义务以及关于任职时间和期限，工作联系与时限和培训，出席董事会及股东大会，关注上市公司相关信息，对上市公司及相关主体进行监督和调查，制作工作笔录，提交年度述职报告以及辞职后义务等方面的要求。[3]在第三章，专门就"独立董事的职权"作出规定，明确了上市公司独立董事享有《公司法》《证券法》及其他法律法规规章和规则与公司章程赋予董事的一般职权，同时还享

---

〔1〕 参见中国证监会 2002 年 1 月 7 日发布的《上市公司治理准则》（2018 年 9 月 30 日再次修订）第 36 条、第 37 条。

〔2〕 参见中国证监会 2006 年 3 月 16 日发布的《上市公司章程指引》（2019 年修订）第 46 条、第 69 条、第 104 条。

〔3〕 参见中国上市公司协会于 2014 年 9 月 12 日发布的《上市公司独立董事履职指引》第二章"独立董事的义务"第 3 条、第 4 条、第 5 条、第 6 条、第 7 条、第 8 条、第 9 条、第 10 条、第 11 条、第 12 条、第 13 条。

有重大关联交易事项的事先认可权，聘用或解聘会计师事务所的提议权，召开临时股东大会的提议权，召开董事会会议的提议权，公开向股东征集投票权，独立聘请外部审计机构及咨询机构等特别职权，以及法律法规规章及其他规范性文件、公司章程等赋予的其他职权，还同时赋予独立董事就上市公司相关事项发表独立意见的职权，独立董事需就对外担保、重大关联交易等十九个重大事项向上市公司董事会或股东大会发表独立意见。[1]

实践中，上市公司独立董事制度的建立对完善公司治理机制，提高公司运营决策的科学化和规范化起到积极作用，独立董事对公司经营管理的参与更是直接影响了公司战略制定和执行过程。已有的研究证实，独立董事勤勉地履行监督与咨询职能将有助于改善公司治理以及提高公司经营业绩，聘请独立董事有利于获取关键信息和外部资源，并减少与其他公司之间协调成本。上市公司独立董事制度中的权责配置实践中，保证独立性的职权对独立董事发挥作用尤为重要。董事会在公司治理中发挥着非常重要的作用，适当比例的独立董事是董事会有效履行监督代表和决策咨询职能必不可少的重要组成部分，其中交涉、合议、辩论与包容对决策的有效性至关重要，内部的隐性力量足以影响群体决策。[2]董事是否独立，关系到董事会能否有效监督管理层，保护股东和利益相关者的合法权益。[3]

---

[1] 参见中国上市公司协会于 2014 年 9 月 12 日发布的《上市公司独立董事履职指引》第三章"独立董事的职权"第 14 条、第 15 条、第 16 条。

[2] 参见曾江洪、肖涛："董事会非正式层级、技术董事与技术创新绩效"，载《科技与经济》2015 年第 3 期。

[3] 参见郑晓倩："董事会特征与企业风险承担实证研究"，载《金融经济学研究》2015 年第 3 期。

总体上，上市公司董事会独立董事权责配置情况，主要包括：第一，独立董事除了享有董事会董事的出席权、表决权、知情权、监督权、报酬享有权等权利外，关键还享有包括重大关联交易认可、提议聘用或解聘会计师事务所、提请召开临时股东大会等特别职权，以及对提名、任免董事等重要事项向董事会或股东大会发表独立意见等在内的特别职权。第二，在义务方面，独立董事对上市公司及全体股东负有诚信与勤勉义务，应当认真履行职责、维护公司整体利益，尤其必须保护中小股东的合法权益。在英美法系，一般是根据信义义务来确定董事对公司行为的标准，受信任的行为标准通常比市场道德要高，在通常的对等性交易行为中所允许的行为方式，在受信义务关系约束的情形中应予以禁止。受信任的行为仅仅有诚实是不够的，而且在最敏感的细节上还必须正直，受信任的行为标准要维持高于普通人之上的水平。[1]第三，在责任方面，独立董事应当独立履行职责，不受上市公司主要股东、实际控制人或者其他与上市公司存在利害关系的单位或个人的影响；独立董事不履行或者不适当履行职责，给公司或者股东、投资者及第三人造成损失的，必须承担包括民事、行政、刑事在内的法律责任，主要来自于有决策失误、违法违规、违反维护公司财产安全义务、内幕交易、竞业禁止、收受贿赂和披露虚假信息等方面的责任。[2]

---

〔1〕 参见刘同战："论股份公司控制股东行为规制与弱势股东权利保护"，西南政法大学 2003 年硕士学位论文。

〔2〕 参见孙敬水："论独立董事的权利及法律责任"，载《科学学与科学技术管理》2003 年第 6 期。

三、制度设计与选择

（一）基本设计

遵循民办学校独立董事应当发挥的规范办学、专业治理、强化公益和增强公信力的功能定位，配置独立董事职权和职责。在建议国家教育行政部门制定的"关于在非营利性民办高校建立独立董事制度的指导意见（试行）"中明确，独立董事的权利、义务与责任等相关规定，基本设计内容如下：

1. 独立董事的权利。学校独立董事享有新《民促法》及其他法律、行政法规、部门规章、规则与学校章程赋予董事的一般职权。学校还应当赋予独立董事特别职权和发表独立性意见的权利，等等。

第一，独立董事的特别职权。（1）独立董事认可关联交易后，提请董事会审议；在独立董事认可前，可以根据需要聘请会计师事务所出具独立财务专业意见辅助其判断；（2）提请董事会聘用或解聘会计师事务所；（3）提请董事会审议临时召开教代会的建议；（4）提议召开董事会；（5）独立聘请外部审计、咨询机构。独立董事征得全部独立董事同意后行使前述职权。如果提议未被采纳或职权无法正常行使，学校应披露有关情况。如果学校董事会下设发展战略委员会、学术事务委员会、提名委员会、薪酬委员会和审计委员会的，应当有独立董事在其中任职。

第二，独立董事发表独立意见的职权。独立董事除履行上述特别职责外，独立董事应当对学校重大事项发表独立意见。（1）董事的提名、任免；（2）聘任或解聘校长、副校长及关键管理岗位等高级管理人员；（3）学校董事、高级管理人员的薪酬；（4）对外担保；（5）变更捐赠资金用途；（6）关联交易[1]；（7）独立董事认为可能损害学校整体利益和师生员工权益的事项；（8）学校章程规定的其他事项。独立董事应当就前述事项发表"同意""保留意见""反对意见"或者"无法发表意见"，除发表"同意"意见外，同时表明发表其他意见的理由。学校

---

[1] 已有相关规定对关联交易作出了程序性要求：第一，教育部《非营利性民办高等学校财务监督管理办法》（征求意见稿）第44条，"学校决策机构会议决议事项所涉及的单位或个人有关联关系的，不得对该项决议行使表决权，也不得代理其他决策机构成员行使表决权。该决策机构会议由过半数的无关联关系决策机构成员出席即可举行，决策机构会议所作决议须经无关联关系决策机构成员过半数通过。出席决策机构的无关联关系决策机构成员人数不足三人的，由学校党委会委派人员参加审议。"同时第49条明确，"上述关联关系，是指举办者、举办者的实际控制人、决策机构成员、监事、高级管理人员与其直接或者间接控制的企业或其他组织之间的关系，以及可能导致非营利性民办高等学校利益转移的其他关系。上述关联方交易，是指关联方之间转移资源、劳务或义务的行为，不论是是否收取价款。"第二，《民促法实施条例（修订草案）征求意见稿》第43条明确，"非营利性民办学校与利益关联方发生交易的，应当遵循公开、公平、公允的原则，不得损害国家利益、学校利益和师生权益。违反本款规定造成损失的，应当承担赔偿责任或者依法承担其他法律责任。非营利性民办学校应当建立利益关联方交易的信息披露制度。理事会、董事会或者其他形式决策机构审议与利益关联方交易事项时，与该交易有利益关系的决策机构成员应当回避表决，也不得代理其他成员行使表决权。利益关联方是指民办学校的举办者、实际控制人、理事、董事、监事等以及与上述组织或个人之间存在互相控制和影响关系、可能导致民办学校利益被转移的组织或个人。"第三，《民促法实施条例（修订草案）送审稿》第45条中明确，"民办学校与利益关联方发生交易的，应当遵循公开、公平、公允的原则，不得损害国家利益、学校利益和师生权益。民办学校应当建立利益关联方交易的信息披露制度。教育行政部门、人力资源社会保障部门应当加强对非营利性民办学校与利益关联方签订协议的监管，对涉及重大利益或者长期、反复执行的协议，应当对其必要性、合法性、合规性进行审查审计。理事会、董事会或者其他形式决策机构审议与利益关联方交易事项时，与该交易有利益关系的决策机构成员应当回避表决，也不得代理其他成员行使表决权。前款所称利益关联方是指民办学校的举办者、实际控制人、理事、董事、监事等以及与上述组织或者个人之间存在互相控制和影响关系、可能导致民办学校利益被转移的组织或者个人。"

依规定披露独立董事的前述意见。

2. 独立董事的义务与责任：（1）学校独立董事负有《中华人民共和国教育法》（以下简称《教育法》）《民促法》《中国人民共和国高等教育法》（以下简称《高等教育法》）及其他法律、行政法规、部门规章与学校章程要求董事的一般义务；（2）遵守法律法规及学校章程有关规定诚信、勤勉、谨慎履职，[1]并履行其作出的承诺；（3）独立董事身份和履职的独立性，不受学校举办者或出资人及其他与学校存在利害关系的单位或个人的影响；当发生对身份独立性构成影响的情形时，独立董事必须及时告知学校并进行消除，不符合独立性要求的，必须提出辞职；（4）独立董事必须保证有足够的时间和精力履职，兼任其他学校或公司独立董事不超过 2 家；（5）独立董事及拟担任独立董事的人员必须接受相关履职培训；（6）对董事会的决议承担责任；（7）独立董事应当按年度向教代会报告工作；（8）学校举办者之间、董事之间发生冲突、对学校造成重大影响的，独立董事必须主动履职，维护学校整体利益。

（二）分类选择

关于独立董事的权利、义务与责任等相关规定，建议在教

---

〔1〕注意义务要求董事在履职时必须尽到职责所需的勤勉与谨慎，必须出席董事会会议，不得无故缺席；必须积极履职，不得怠于行使职权。也即必须善意地，尽一般谨慎的人处于相同地位相似环境的注意，以其合理认为符合民办学校最佳利益的方式行为。注意义务还指董事的履职行为必须符合法律和学校章程的规定，不得与其相违背。诚信义务，应当包括董事不得从学校获取不应得的利益、不得利用职务之便收取贿赂以及其他不正当利益，不得泄露学校的秘密及利用秘密信息获取利益，不得以比学校外部的人员更为优惠的条件使用学校的财产或设施和不得造成学校资产的浪费。参见张文国："我国民办学校董事会制度的缺陷及完善——从中外比较的视角分析？"，载《广西政法管理干部学院学报》2013 年第 2 期。

育部制定的"关于在非营利性民办高校建立独立董事制度的指导意见（试行）"中，同时明确以下几点：

1. 办学规模大（5000人以上）的非营利性民办中小学直接适用"关于在非营利性民办高校建立独立董事制度的指导意见（试行）"；

2. 其他非营利性民办中小学、非营利性民办幼儿园参照适用"关于在非营利性民办高校建立独立董事制度的指导意见（试行）"。

3. 学历性的营利性民办学校参照适用"关于在非营利性民办高校建立独立董事制度的指导意见（试行）"，要同时符合《公司法》关于董事的权利、义务与责任的要求。

第五章　运行论：民办学校独立董事的运行机制

> 坚强而负责任的董事会保持了美国大学的强大和有效运行。
>
> ——弗兰克·H.T. 罗德斯[1]

民办学校的独立董事的职权行使与职责履行的相关内容与程序规定，是独立董事制度的关键内容。董事会是一个"合议体"，其运行通常以会议制的形式出现，在依法定程序召集并议事，以及一人一票的表决制度下，可以发挥各个董事的自身优势，最终形成最有利于组织的决策或执行方案。董事会的运行，必须设计和规范独立董事行使职权和履行职责应遵循的内容与程序，这是保障独立董事依法、公正、透明、负责地履职的一系列步骤、方法和时限规定。

一、实践与制度诉求

新《民促法》修订中仅有一项与董事会制度相关的，且其

〔1〕[美]弗兰克·H.T. 罗德斯：《创造未来：美国大学的作用》，王晓阳、蓝劲松译，清华大学出版社2007年版，第253页。

中内容不涉及董事会职权行使与职责履行方面的内容，在修订前的《民促法》中也未有董事会董事职权行使与职责履行的相关内容与程序规定。

在实施《民促法》的条例以及修订草案《民促法实施条例》《民促法实施条例（修订草案）征求意见稿》和《民促法实施条例（修订草案）送审稿》中，明确了董事会每年召开会议的次数，其中《民促法实施条例》要求董事会每年至少召开一次会议，《民促法实施条例（修订草案）征求意见稿》《民促法实施条例（修订草案）送审稿》均修订为要求董事会每年至少召开两次会议。此外，《民促法实施条例（修订草案）征求意见稿》《民促法实施条例（修订草案）送审稿》新增加鼓励非营利性民办学校董事会吸收社会公众代表以及根据需要设立独立董事，还对董事会讨论决定的重大事项较之《民促法实施条例》新增加一项"变更举办者"，其他内容未做修订。[1]

值得注意的是，《党组织建设意见》对党组织负责人兼任政府督导员，以及其作为外部董事的相关运行规则作了原则性规定，《党组织建设意见》中第五部分内容"建立健全党组织参与决策和监督机制"中，明确要经过党组织参与讨论并同意，董事会才能作出涉及民办学校发展规划、重要改革、人事安排等重大事项的决定。[2]此项规定，使党组织负责人在决策机构中的重要地位和发挥作用有了充分保障。此外，当前民办教育新法新政，并未对董事会会议制度包括董事会的召集与主持、会

---

〔1〕 参见《民促法实施条例》第 20 条；《民促法实施条例（修订草案）征求意见稿》第 25 条；《民促法实施条例（修订草案）送审稿》第 26 条。

〔2〕 参见《党组织建设意见》"五、建立健全党组织参与决策和监督机制"。

议通知的发布、议事方式和表决程序、会议记录及其查阅制度、董事利益冲突事项的回避制度等方面作出规定。在学校层面,部分学校章程和董事会章程仅仅作出象征性的规定,另有其他学校章程没有规定或规定不完善,且并未制定董事会章程。

实践中,由于董事会组织依据不明确,决策权乃至经营权始终掌握在举办者(创办人)手里;董事会议事规则不健全,开会"董事长一言堂",举办者通过董事会控制民办学校,董事会无法真正发挥作用,"形骸化"现象严重。以至于社会公众对民办学校的信任度不高,董事会的成员构成和董事会的实际运作,其透明性都很低,缺乏透明与公开,严重影响民办学校的公信力。有学者调研显示,在 103 所明确董事会会议频次的高校中,64 所(占比 62.1%)每年至少召开 2 次董事会,32 所(占比 31.1%)每年至少召开 1 次董事会,6 所(占比 5.8%)每年召开 4 次会议,1 所(占比 1%)每年召开会议不少于 4 次。同时,在 105 所民办本科高校中,仅有 43 所高校章程明确了"会议通知"的要求,占比 41%。在 43 所高校中,其中 31 所高校要求必须在会议召开 10 日前,通知全体董事会议内容、时间、地点等事项,6 所高校要求必须在会议召开 5 日前,通知全体董事会议内容、时间、地点等事项,3 所高校要求必须在会议召开 7 日前,通知全体董事会议内容、时间、地点等事项,2 所高校要求必须在会议召开 3 日前,通知全体董事会议内容、时间、地点等事项,1 所高校要求必须在会议召开 15 日前,通知全体董事会议内容、时间、地点等事项。[1]

---

[1] 参见王维坤:"治理视角下中国民办高校章程表达研究",大连理工大学 2018 年博士学位论文。

二、相关参照与借鉴

(一) 私立学校董事会外部董事运行机制的参照与借鉴

一般而言，私立学校在董事会章程中都会作出董事职权行使与职责履行的相关内容与程序规定，尚未见有专门的研究，且对董事会外部董事职权行使与职责履行的特别规定也比较少见。美国和欧洲的私立学校的董事会章程一般会有董事职权行使与职责履行的会议程序性内容和要求，包括决策事项以及决策程序，等等。美国私立高校董事会的董事对决策负个人责任，当董事对决策负个人责任时，就必须更加审慎地作出决策，以防止受到来自法律的不利后果。[1]美国私立大学董事会的运行有相应的法律、法规保障，在美国不具备学校法人资格的组织是不能成为董事会的，私立学校董事会受私立学校法或特许状的约束，是私立学校法人或特许意义上的法人组织。[2]有学者对哈佛大学、耶鲁大学、普林斯顿大学等美国 8 所私立高校董事会调查显示，这些学校平均每学年召开 4 至 5 次例会。比如，麻省理工学院董事会通常每学年召开 4 次例会，会议具体的时间相对固定，一般在当年的 10 月、12 月和第二年 3 月的第一个星期五，还有第二年 6 月学生毕业典礼的上午，而且每次会议时间大约 4 至 5 个小时。[3]

---

〔1〕 参见刘枭、程均丽："构建具有中国特色高校董事会完善高校内部治理结构"，载《高教探索》2011 年第 3 期。

〔2〕 参见车海云："中美高校董事会的比较研究"，载《江苏高教》2001 年第 3 期。

〔3〕 参见庄丽君："美国高校董事会制度的特点研究"，载《重庆高教研究》2016 年第 4 期。

信息披露等事项的具体履职要求作出了全面的规定。

　　在公司独立董事法律制度中，独立董事在上市公司董事会的专门委员会承担着越来越重要的角色。在国内外的公司董事会运作中，一般都在董事会下设置一些专门委员会，主要有战略委员会、提名委员会、审计委员会、薪酬与考核委员会和法律风险监控委员会，等等，并主要由独立董事负责这些专门委员会的具体运行。

　　有学者研究认为，"会前沟通"作为独立董事履职的本土化协商机制在一些上市公司治理实践中产生并得到发展，成为独立董事充分履职本土化创新模式的典型。"会前沟通"，也即董事会议召开之前，向独立董事征求即将上会议案的意见，以预备会议的方式协商达成共识，从而可以对议案作一定的修改与完善，为董事会议正式召开做好充分的准备。其沟通事项几乎可以是全部会议的全部议案，时间在董事会议召开前两周，沟通主体是公司主要负责人；值得注意的是，此类"会前沟通"还存在第二个程序，也即董事会召开之前议案需要经过战略委员会、审计委员会进行审议。此类"会前沟通"内容不限、程序明确，非常具有开放性和平等性，应该可以为独立董事提供一个较为充分发表独立意见的平台。[1]"会前沟通"作为一种有效的协商机制，也是独立董事在公司治理实践中开始走向本土化的产物。

　　此外，为保证独立董事本人有足够的时间和精力履职，可以建立独立董事工作时间的兼任制度。比如，《国有独资公司董事会试点企业外部董事管理办法（试行）》对此作了探索性规

---

　　[1]　参见吴小评："'会前沟通'：独立董事履职本土化探疑"，载《法学评论》2014年第4期。

定。第23条规定明确外部董事一年内在同一任职公司履行职责时间少于30个工作日或出席董事会会议次数少于董事会议总数四分之三的，即为工作失败，可以直接将其解聘。同时，第20条规定，在所出资公司担任专职外部董事的，兼任其他公司外部董事不超过三家；担任兼职外部董事的，在所出资公司中兼任外部董事的最多不超过两家。

三、制度设计与选择

（一）基本设计

"每一所民办学校都是一个系统的、社会化的组织，其组织化程度越高，其运行就越有序，其功能的发挥就越大，距办学目标就越近。"[1]董事会运作的独立性和专业性将直接影响学校治理水平和师生权益，而董事会法律制度的完善与否也自然成为各国私立学校立法关注的焦点。董事会是一个"合议体"，其运行或履职通常以会议制的形式出现。董事以"会"的方式，依法定程序召集并议事时，方能发挥其功效。此类决策机制主要体现民主思想，在一人一票的表决制度下，可以发挥各个董事的自身优势，最终形成最有利于组织的决策或执行方案。为使集体决策机制真正实现，董事个人才能得以真正发挥，董事会在进行决策时，应保持独立，不同类型的董事，一经产生则相对独立运作，依法依章程行使职权，不受非法干预。董事以"会"的方式，始能发挥其作用。

在董事会的运行中，必须设计和规范独立董事职权行使与

---

〔1〕 王文源："中国民办学校组织化建设探讨"，载《教育发展研究》2005年第24期。

职责履行的相关内容与程序规定，这是独立董事依法、公正、透明履职的一系列步骤、方法、时限规定。在建议国家教育行政部门制定的"关于在非营利性民办高校建立独立董事制度的指导意见（试行）"中明确，独立董事职权行使与职责履行的相关规定，基本设计内容如下：

1. 独立董事特别职权的行使程序。在特别职权行使时，必须获得全体独立董事的同意，不能被采纳或无法正常行使此项职权时，学校必须将有关情况予以披露。独立董事履职可发表"同意""保留意见""反对意见""无法发表意见"等，并说明理由以及按规定披露独立董事意见。利用高校信息公开的法律法规的强制性和独立董事的特别规定，要求学校充分保障独立董事的知情权，以便独立董事可以完全获得学校的相关文件和信息，保证独立董事充分发挥监督权利。

2. 董事会专门委员会是独立董事职权行使的重要形式，[1]一般根据学校需求和规模选择设立执行委员会、发展战略委员会、学术事务委员会、提名委员会、薪酬与考核委员会等专门委员会。专门委员会对董事会负责，在学校章程和董事会授权下履行职责，专门委员会的提案必须提交董事会审议决定。独立董事担任专门委员会主任的，必须按照职责权限组织开展工作，及时召开专门委员会会议形成意见，或者依授权对专门事项提出审议意见。独立董事担任董事会专门委员会委员的，必须持续关注专门委员会职责范围内学校的相关事项，参加专门

---

〔1〕　董事会专门委员会通常指董事会设立的由学校董事组成的行使董事会部分权力或者为董事会行使权力提供帮助的董事会内部常设机构。设立专门委员会对于克服董事会的缺陷、确保董事会功能发挥有重要意义，这是确保董事会独立性的重要制度。

委员会会议，并依议事规则及时提出相关意见。

3. 独立董事应当严格按照规定事项的具体内容、工作要求和程序，在对外担保事项的审议、关联交易事项的审议、捐赠资金项目和使用事项的审议、会计师事务所聘用或解聘的审议、年度报告的审议、董事会的授权事项、董事的提名与任免、聘任或解聘高级管理人员、董事和高级管理人员的薪酬等事项中参与审议和发表独立意见，并符合和满足对会议通知的审查、会议资料的了解、会前的询问和调查、聘请中介服务机构、延期开会和审议、出席会议、对会议程序的监督、对会议形式的监督、发表与会意见、暂缓表决、会议记录、资料保管、会后的信息披露等方面的履职要求。

4. 独立董事发表独立意见的内容应当包括：相关事项的基本情况；发表意见的依据（包括处理程序、核查文件、检查内容，等等）；合法合规情况；对学校和师生员工权益的影响、可能存在的风险以及学校采取的措施是否有效；发表的结论性意见，如果对相关事项提出"保留意见""反对意见"或"无法发表意见"的，必须说明理由，对签字确认独立意见并及时上报董事会。

5. 独立董事必须每年述职报告工作情况，主要内容包括上年度出席董事会的次数及投票情况、对董事会决定事项（尤其是需独立董事特别批准的事项）发表独立意见的情况、履行独立董事职责的其他工作。

（二）分类选择

关于独立董事职权行使与职责履行的相关内容与程序规定，建议在教育部制定的"关于在非营利性民办高校建立独立董事制度的指导意见（试行）"中明确以下几点：

中，其中《上市公司章程指引》未作出相关规定，《公司法》《上市公司治理准则》作出了原则性规定，主要是《关于在上市公司建立独立董事制度的指导意见》作出了框架性的规定，同时《上市公司独立董事履职指引》中作出了系统全面的规定，形成关于独立董事履职保障的重要内容。

2001 年中国证监会发布的《关于在上市公司建立独立董事制度的指导意见》中，第七部分关于上市公司应当为独立董事有效行使职权提供必要的条件，从六个方面对独立董事的履职保障首次作出了全面的规定，主要包括独立董事的同等知情权、履职必需条件、配合独立行使职权、费用支出承担、薪酬与津贴和责任保险制度等。[1]随后的《公司法》修订时从法律层面确认了独立董事制度，并且 2002 年 1 月 7 日中国证监会发布的《上市公司治理准则》中专章规定了独立董事制度（中国证监会于 2018 年 9 月 30 日修订后重新发布），重申了《关于在上市公司建立独立董事制度的指导意见》中的部分内容，主要是对上市公司为董事购买责任保险、独立董事认为资料不完整或论证不充分可以提出延期召开会议或审议事项、专门委员会履职的有关费用由上市公司负责，以及上市公司应当保障独立董事依法履职等作出规定。[2]

在中国上市公司协会于 2014 年 9 月 12 日发布的《上市公司独立董事履职指引》中用六个条文，比《关于在上市公司建

---

〔1〕　参见中国证监会于 2001 年 8 月 16 日发布《关于在上市公司建立独立董事制度的指导意见》"七、为了保证独立董事有效行使职权，上市公司应当为独立董事提供必要的条件"。

〔2〕　参见中国证监会 2002 年 1 月 7 日发布的《上市公司治理准则》（2018 年 9 月 30 日再次修订）专章规定独立董事制度，第 24 条、第 31 条、第 36 条、第 43 条。

立独立董事制度的指导意见》多一倍内容的篇幅，拓展和细化了独立董事履职保障的相关内容，重申了独立董事的知情权，全面扩大了要求积极配合独立董事履职的人员范围和事项，并列举了要求上市公司及相关人员为独立董事履职提供支持和协助的七个方面，进一步保障了独立董事履职的工作条件，要求上市公司为独立董事支付津贴、承担履职费用、购买责任保险，新增加"要求上市公司对未被采纳的议案进行披露""不被无故提前免除职务的权利"，以及上市公司存在严重妨碍独立董事履行职责行使职权的情形时"进行报告、公开发表声明的权利"等附加的保障性权利，全面系统、结构清晰、内容具体地对独立董事履职保障作出了规定。[1]

在独立董事职权行使与职责履行的条件保障方面，可以从知情权、工作配合和物质保障等层面，进一步激励独立董事在效益方面的作用。但有学者研究认为，当前上市公司独立董事制度仍然有一些问题值得进一步探讨。

第一，同等知情权问题。由于独立董事非公司职员，必然无法获取完全的信息，兼任职务又必然使得独立董事难以在这些工作中投入过多的时间与精力。独立董事对上市公司负有勤勉尽职的义务，独立董事判断决策的作出必然以充分的信息为前提，勤勉履行独立董事的诸多职责必然以付出同等的时间精力为基础，义务的违反将会导致独立董事受到惩罚；同时，独立董事还面临着时间不足、精力有限以及信息获取障碍等问题。独立董事能否作出客观科学的决策依赖于充分准确的信息，然

---

〔1〕 参见中国上市公司协会于 2014 年 9 月 12 日发布的《上市公司独立董事履职指引》第 18 条、第 19 条、第 20 条、第 21 条、第 22 条、第 23 条。

而目前其在获取信息环节存在障碍，成为制约其中发挥作用的一个重要因素。独立董事的外部性与兼职性特点，天然地影响其彻底了解上市公司的经营情况，而期待其自身尝试全方位了解上市公司是行不通的，于是上市公司管理层就成了独立董事获取有关上市公司信息的关键渠道。显然，独立董事对上市公司管理层提供的信息有合理信赖的权利，但独立董事的监督职责决定独立董事的信赖权不是完整的信赖权，其必须是建立在合理信赖的基础之上。[1]但是，有调查显示，仅有 42.3% 的上市公司按照规定提前为独立董事提供充足的资料。[2]

第二，薪酬制度问题。作为上市公司内部监督机制一部分的独立董事制度，其监督对象是内部董事及其控股股东操纵下的经营管理者，保护中小股东利益的使命会使其在某些时候与大股东之间产生矛盾，然而令人困惑的是目前独立董事的薪酬制度设计上体现的是监督者的薪酬由被监督者决定。为确保其独立性，关于将其薪酬决定权赋予第三方机构的提议层出不穷，有提议独立董事协会决定的，有提议证券交易所设立机构决定的，但此举势必会增加企业的交易成本，降低公司绩效。[3]

第三，声誉激励问题。独立董事的声誉是利益相关方与独立董事之间互动的结果，在双方互动中独立董事凭借自身的认知与行为模式形成易被外界感知的荣誉、名望等外在形象，利

---

〔1〕　参见陈佳媛：“我国上市公司独立董事职能发挥的现实困境及其制度克服”，西南科技大学 2017 年硕士学位论文。

〔2〕　参见杨有红、黄志雄：“独立董事履职状况和客观环境研究”，载《会计研究》2015 年第 4 期。

〔3〕　参见陈佳媛：“我国上市公司独立董事职能发挥的现实困境及其制度克服”，西南科技大学 2017 年硕士学位论文。

益相关者通过对独立董事形象系统的感知与评价来决定其信任度，独立董事的外在信任度又可转换成信号并在执业市场上进行传播进而影响其人力资本价值，为了提升声誉对总体收益的贡献度，独立董事将恪尽职守，任职公司若是出现违反商业伦理的不端行为，则会使独立董事作为"决策专家"的声誉随着组织声誉连带受损。因而，独立董事为了避免声名扫地带来的一系列负面影响，更可能保持独立性，不与控股股东合谋，这表明建立健全独立董事声誉激励的约束机制可以发挥重要作用。[1]

第四，责任保险问题。随着上市公司董事和高管人员民事赔偿责任制度的确立，追究董事个人赔偿责任的诉讼也有日渐增多的趋势。[2]当前，关于独立董事责任保险的各项制度保障措施并不十分完善，鉴于独立董事受限于时间、经验、能力、个人判断、知识结构以及所处环境等，加之信息不对称的影响，在履行职责时难免出现判断失误、被内部董事排挤的情况，从而面临着巨大的风险，如果独立董事客观上无法行使法律所赋予的某些职权，在法律上并不能减轻或免除其应承担的责任。[3]

三、制度设计与选择

（一）基本设计

在董事会的运行中，必须设计和规范独立董事职权行使与

---

〔1〕 参见梅洁："独立董事声誉激励研究回顾与展望"，载《财会通讯》2017年第36期。

〔2〕 参见谢朝斌："论独立董事责任保险制度"，载《北京工商大学学报（社会科学版）》2004年第4期。

〔3〕 参见王青："独立董事责任保险制度探析"，载《商业会计》2011年第12期。

职责履行的条件保障性相关规定，这是保障独立董事依法独立履职的必要条件。建议在国家教育行政部门制定的"关于在非营利性民办高校建立独立董事制度的指导意见（试行）"中明确，独立董事职权行使与职责履行的条件保障性相关规定，基本设计内容如下：

建立健全一系列与独立董事行使职权和履行职责相适应的保障制度，学校应当为独立董事提供必要的条件：

1. 学校必须保证独立董事享有与其他董事同等的知情权。经董事会决策的事项必须按规定时间提前通知独立董事并同时提供足够的资料，独立董事认为资料不充分的，可以要求补充，还可以书面向董事会提议延期召开董事会会议或延期审议该事项，董事会必须予以采纳。

2. 独立董事有权要求学校其他董事、监事、管理层人员积极配合、保证其依法行使职权，董事会秘书负责与独立董事沟通、联络、传递资料，直接支持和协助独立董事履职。独立董事发表的独立意见、提案及书面说明必须公示或上报的，董事会秘书必须及时依规定处理。

3. 独立董事行使职权时，学校有关人员必须积极配合，不得拒绝、阻碍或隐瞒，不得干预其独立行使职权。

4. 独立董事聘请中介机构的费用及其履职过程中支出的合理费用由学校承担，独立董事有权向学校借支履职相关的合理费用。

5. 学校必须支付独立董事适当的津贴。津贴的标准应当由董事会决定并予以进行披露，除津贴之外，独立董事不得从学校及其举办者或者其他利益相关者中获取额外的、未予披露的其他利益。

6. 独立董事享有要求学校为其履行独立董事职责购买责任保险的权利，以降低独立董事正常履行职责可能导致的风险。[1]其中责任保险范围由合同约定，但董事因违反法律法规和学校章程规定而导致的责任除外。

7. 免受非正常解除职务。除独立董事出现新《民促法》等相关法律法规规章和其他规则中规定的不得担任学校董事或独立董事的情形外，独立董事任期届满前，学校不得无故免除独立董事职务。无故被免职的独立董事认为学校的免职理由不当的，可以作出公开声明。

8. 进行报告、公开发表声明。当学校存在严重妨碍独立董事职权行使和职责履行的情形时，独立董事可向教育行政部门或民办教育协会报告。比如，免职理由不当、延期召开会议或审议事项未被采纳的、学校涉嫌违法违规行为而董事会不作为的，等等。

（二）分类选择

关于独立董事职权行使与职责履行的条件保障性相关规定，在建议国家教育行政部门制定的"关于在非营利性民办高校建立独立董事制度的指导意见（试行）"中，同时明确以下几点：

1. 办学规模大（5000 人以上）的非营利性民办中小学直接适用"关于在非营利性民办高校建立独立董事制度的指导意见（试行）"。

2. 其他非营利性民办中小学、非营利性民办幼儿园参照适用"关于在非营利性民办高校建立独立董事制度的指导意见（试行）"。

---

〔1〕 参见张悟："独立董事信息获取与公司治理效率"，载《商业研究》2004年第 15 期。

3. 学历性的营利性民办学校参照适用"关于在非营利性民办高校建立独立董事制度的指导意见（试行）"，要同时符合《公司法》关于董事职权行使与职责履行的条件保障性相关规定。

4. 探索独立董事信息保障制度。作为民办学校的外部人，独立董事要发挥决策与监督职能，必然面临信息不完全、信息作假、信息误导等方面的困扰，信息成本会影响独立董事有效性的发挥，[1]充分有效的信息是独立董事发挥职能的基础。对于民办高校而言，要建立与《高等学校信息公开实施办法》（教育部令第 29 号）规定的信息公开制度、《民办高等学校办学管理若干规定》（教育部令第25 号）建立的督导制度等相互衔接有序与畅通的信息保障制度。

5. 探索建立独立董事责任保险制度。独立董事的责任保险是指以其对民办学校、举办者或出资人、债权人或其他第三人的经济赔偿责任作为保险标的的一种保险，旨在合理分担风险，解决积极履职的后顾之忧，促使其更加高效大胆履职。在保费的承担上，应当由独立董事和民办学校分担，其中民办学校应承担大部分的保费。[2]

6. 探索建立声誉评价机制。引导独立董事自律，对其履职能力和履职效果进行科学公正的评价，使得其履职能力、履职效果能够得到客观反映，由独立董事协会充分掌握各个独立董事的信息，完成对其履职信息的披露，对其履职进行考核，激励独立董事增加对其声誉的投资。[3]

---

〔1〕 参见陈佳媛："我国上市公司独立董事职能发挥的现实困境及其制度克服"，西南科技大学 2017 年硕士学位论文。

〔2〕 参见谢朝斌：《独立董事法律制度研究》，法律出版社 2004 年版，第 627 页。

〔3〕 参见陈佳媛："我国上市公司独立董事职能发挥的现实困境及其制度克服"，西南科技大学 2017 年硕士学位论文。

结　论

　　民办学校作为一个社会组织，必须接受组织的开放系统观点，即承认并主动接受组织所处外部环境的渗透。民办学校作为一个组织，它的边界必须是"滤网型"，而非"甲壳型"，唯有如此方能使学校不断吸收所处外部环境中需要的成分，排除不适当和不需要的成分。[1]民办学校独立董事制度的提出，旨在保证董事会的独立性，使得董事会既可以不受管理层的控制，又可以避免举办者（捐赠者或出资人）的过度干预，促使民办学校董事会可以作出最利于学校的决策。独立董事的"独立"要求的是既独立于举办者，也独立于管理层。但是，目前我国公司董事会和学校董事会的外部董事制度，在设计中更多考虑独立于管理层，而非立足于独立于举办者。[2]此种立法倾向和思路存在较大的历史局限性。民办学校独立董事制度设计的基本思路是必须使董事会独立于管理层，还独立于举办者（捐赠者或出资人），甚至于独立于政府等外部利益相关主体。

　　独立董事制度作为上市公司治理董事会制度的重要组成部

　　〔1〕　参见王文源："中国民办学校组织化建设探讨"，载《教育发展研究》2005 年第 24 期。

　　〔2〕　参见胡改蓉："国有资产经营公司董事会之构建——基于分类设计的思考"，载《法学》2010 年第 4 期。

分，来自于外国先进的公司治理经验，而非是在中国本土环境中孕育出来的，"拿来主义"可能产生的窘境致使独立董事制度在过去的很长一段时间里一直争议不断。[1]我相信，将上市公司的独立董事制度与实践经验，再次移植和借鉴到民办学校领域，在未来很长的一段时间内，也可能产生"南橘北枳"问题，引发各利益相关者激烈的争议、质疑甚至抵制。正如有学者所指出的："制度形成的逻辑，并不如同后来学者构建的那样是共识性的，而更多是历史性的。"[2]随着民办教育分类管理政策的持续推进，民办学校独立董事制度体系必将更加丰富与完善，这是一个历史趋势。现阶段我们主观上不能"操之过急"，客观上也难以"尽善尽美"。

在当前国家层面将民办学校独立董事作为董事会成员，仅仅是作为"任意性"而非"强制性"政策的局面下，在今后的一段时期，必将有一些勇于探索的民办教育实践者作出自己理性的选择，若能为这些首批吃螃蟹的人提供一点借鉴或参考，同时激发更多的研究人员对民办学校独立董事制度展开研究，本研究做的这些粗浅的探索，就会有它应有的意义，这也是本研究可能的贡献。

---

〔1〕 参见陈佳媛："我国上市公司独立董事职能发挥的现实困境及其制度克服"，西南科技大学 2017 年硕士学位论文。

〔2〕 苏力：《制度是如何形成的》，北京大学出版社 2007 年版，第 53 页。

主要参考文献

一、中文著作类

1. 周海涛、钟秉林主编：《中国民办教育发展报告 2013》，北京师范大学出版社 2015 年版。

2. 周海涛、钟秉林主编：《中国民办教育发展报告 2014》，北京师范大学出版社 2016 年版。

3. 周海涛、钟秉林主编：《中国民办教育发展报告 2015》，北京师范大学出版社 2017 年版。

4. 湛中乐主编：《民办教育法治理论与实践》，中国法制出版社 2016 年版。

5. 徐绪卿：《我国民办高校内部管理体制改革和创新研究》，中国社会科学出版社 2012 年版。

6. 胡卫主编：《民办教育的发展与规范》，教育科学出版社 2000 年版。

7. 俞可平主编：《治理与善治》，社会科学文献出版社 2000 年版。

8. 丁忠明等：《中国公司董事会治理研究》，合肥工业大学出版社 2009 年版。

9. 赵立新、汤欣、邓舸：《走出困境：独立董事的角色定位、职责与责任》，法律出版社 2010 年版。

10. 湛中乐主编：《大学自治、自律与他律》，北京大学出版社 2006 年版。

11. 欧阳光华：《董事、校长与教授：美国大学治理结构研究》，高等教育出版 2011 年版。

12. 张文国编：《中国民办学校法人制度研究》，教育科学出版社 2012 年版。

13. 陈春山：《董事责任及独立董事》，学林文化事业有限公司 2002 年版。

14. 刘复兴：《教育政策的价值分析》，教育科学出版社 2003 年版。

15. 官欣荣：《独立董事制度和公司治理：法理和实践》，中国检察出版社 2003 年版。

16. 陈平原：《学者的人间情怀——跨世纪的文化选择》，生活·读书·新知三联书店 2007 年版。

17. 苏力：《制度是如何形成的》，北京大学出版社 2007 年版。

18. 和震：《美国大学自治制度的形成与发展》，北京师范大学出版社 2008 年版。

19. 张国有主编：《大学章程（第二卷）》，北京大学出版社 2011 年版。

20. 中国上市公司协会：《上市公司独立董事履职指引》，江苏人民出版社 2014 年版。

二、中文论文类

1. 徐广宇："关于民办学校若干问题的法律思考"，载《教育科学》1995 年第 2 期。

2. 张民选："国外民办学校研究（下）"，载《外国中小学教育》1996 年第 4 期。

3. 张维迎："所有制、治理结构及委托—代理关系——兼评崔之元和周其仁的一些观点"，载《经济研究》1996 年第 9 期。

4. 张铁明："论民办教育产权的利益定位——兼论办学不以营利为目的"，载《现代教育论丛》1998 年第 5 期。

5. 胡卫："中国民办教育发展现状及策略框架"，载《教育研究》1999 年第 5 期。

6. 胡卫、徐冬青："校本管理：现代民办学校管理制度探索"，载《教育发展研究》1999 年第 7 期。

7. 刘元成："民办学校的内部管理体制问题"，载《教育与职业》1999 年第 9 期。

8. 刘宝存："美国私立高等学校的董事会制度评析"，载《比较教育研究》2000 年第 5 期。

9. 李健："董事会独立性分析"，载《清华大学学报（哲学社会科学版）》2000 年第 3 期。

10. 邬大光："中国民办高等教育发展状况——兼论民办高等教育政策"，载《教育发展研究》2001 年 2 期。

11. 曾向东、刘颂、董青："民办教育发展中亟待解决的问题——以南京市为案例"，载《南京社会科学》2001 年第 3 期。

12. 郜岭："英国私立教育概况"，载《淮北煤师院学报（哲学社会科学版）》2002 年第 1 期。

13. 张应强、高桂娟："论现代大学制度建设的文化取向"，载《高等教育研究》2002 年第 6 期。

14. 文东茅："论民办学校的产权与控制权"，载《清华大学教育研究》2003 年第 2 期。

15. "2002 中国民办教育绿皮书（节选）立法"，载《职业技术教育》2003 年第 15 期。

16. 阎凤桥："美国私立高等教育特征分析"，载《民办教育研究》2003 年第 3 期。

17. 郭建如："民办高等教育的市场化与民办高校的组织管理特征——以陕西民办高等教育为例"，载《高等教育研究》2003 年第 4 期。

18. 吴华、蒋新峰："'教育民营'的一种制度演进路径分析——在公立中小学建立董事会制度的初步思考"，载《教育理论与实践》2003 年第 23 期。

19. 孙敬水："论独立董事的权利及法律责任"，载《科学学与科学技术管理》2003 年第 6 期。

20. 文东茅："论民办教育公益性与可营利性的非矛盾性"，载《北京大学教育评论》2004 年第 1 期。

21. 庞丽娟："促进高等教育均衡发展"，载《教育研究》2004 年第 4 期。

22. 陈晓丹："国外独立董事制度实践及对我国的启示"，载《北京科技大学学报（社会科学版）》2004 年第 4 期。

23. 方铭琳："提升民办高校核心竞争力的管理体制研究"，载《民办高等教育研究》2004 年第 1 期。

24. 段从清："独立董事的任职资格与任免机制问题研究"，载《江汉论坛》2004 年第 6 期。

25. 吕亮球："美国高校董事会制度刍议"，载《中国电力教育》2004 年第 4 期。

26. 谢朝斌："论独立董事责任保险制度"，载《北京工商大学学报（社会科学版）》2004 年第 4 期。

27. 余雅风："教育立法必须以教育的公共性为价值基础"，载《北京师范大学学报（社会科学版）》2005 年第 1 期。

28. 曹淑江："民办教育法律中几个问题的探讨"，载《教育科学》2005 年第 5 期。

29. 洪小莹："美国私立大学的组织管理沿革"，载《民办教育研究》2005 年第 6 期。

30. 谷力："我国民办学校董事会存在的问题及重构思考"，载《教育发展研究》2005 年第 18 期。

31. 王文源："中国民办学校组织化建设探讨"，载《教育发展研究》2005 年第 24 期。

32. 阎凤桥："试析我国民办学校的产权形式和治理结构——基于对非营利组织特征的分析"，载《教育研究》2006 年第 2 期。

33. 张雁飞："民办学校的法人财产权及保护"，载《教育发展研究》2006 年第 24 期。

34. 王斌："论董事会独立性：对中国实践的思考"，载《会计研究》2006 年第 5 期。

35. 韩艳："民办高校董事会制度的运行与制衡机制构建"，载《浙江树人大学学报》2006 年第 2 期。

36. 张剑波、杨炜长："完善法人治理结构：民办高校可持续发展的重要保障"，载《湘潭大学学报（哲学社会科学版）》2007 年第 1 期。

37. 吴华："义务教育阶段民办学校学生应享受财政资助"，载《教育发展研究》2007 年第 14 期。

38. 金自宁："大学自主权：国家行政还是社团自治"，载《清华法学》2007 年第 2 期。

39. 安云初："独立学院法人治理结构的考量"，载《湖南师范大学教育科学学报》2008 年第 5 期。

40. 秦惠民："我国高等教育法制建设 30 年——影响、经验与发展方向"，载《中国高教研究》2008 年第 10 期。

41. 宋继文、孙志强、文珊珊、蔚剑枫："中国家族企业的代际传承过程研究——基于组织行为学与社会学的视角"，载《管理学报》2008 年第 4 期。

42. 卢彩晨："民办高校家族管理的是与非"，载《教育与职业》2008 年第 16 期。

43. 龚怡祖："大学治理结构：现代大学制度的基石"，载《教育研究》2009 年第 6 期。

44. 黄清云、董圣足："抓住五个环节　建立健全民办高校决策制度"，载《中国高等教育》2009 年第 20 期。

45. 汪明："美国私立高校董事会制度的特征及启示"，载《黄河科技大学学报》2009 年第 5 期。

46. 董圣足、黄清云："我国民办高校董事会制度的重构——基于 45 所民办院校的调查分析"，载《黄河科技大学学报》2010 年第 4 期。

47. 胡改蓉："国有资产经营公司董事会之构建——基于分类设计的思考"，载《法学》2010 年第 4 期。

48. 郭建如："民办高校、民办高校举办者与政府间互动框架研究"，载《浙江树人大学学报》2010 年第 3 期。

49. 王晓瑜："论民办高校文化力的能量流失与有效激发"，载《江苏高教》2010 年第 1 期。

50. 王志勇："美国私立高校董事会制度的启示"，载《理工高教研究》2010 年第 4 期。

51. 董圣足："转型期民办高校发展战略思考"，载《教育发展研究》2010 年第 20 期。

52. 钟秉林、赵应生、洪煜、樊哲："抓住历史机遇　化解深层矛盾　促进健康发展——我国民办高等教育改革与发展探析（一）"，载《中国高等教育》2010 年第 23 期。

53. 韩延明、栾兆云："我国现代大学文化的价值取向"，载《高等教育研究》2010 年第 4 期。

54. 张沁洁、王建平："行业协会的组织自主性研究　以广东省级行业协会为例"，载《社会》2010 年第 5 期。

55. 肖俊茹、王一涛："论民办高校法人治理结构的完善"，载《现代教育科学》2011 年第 1 期。

56. 屈潇潇："我国民办学校内部治理的政策与制度分析"，载《高等教育研究》2011 年第 9 期。

57. 王善迈："民办教育分类管理探讨"，载《教育研究》2011 年第 12 期。

58. 刘枭、程均丽："构建具有中国特色高校董事会完善高校内部治理结构"，载《高教探索》2011 年第 3 期。

59. 王青："独立董事责任保险制度探析"，载《商业会计》2011 年第 12 期。

60. 王建："民办学校分类管理——从'四分法'到'二分法'"，载《北京大学教育评论》2012 年第 2 期。

61. 王丽芳、赵晓康："论公司治理对企业技术创新的影响"，载《河北学刊》2012 年第 2 期。

62. 董圣足："台湾地区私立高校治理机制研究"，载《上海教育评估研究》2012 年第 2 期。

63. 钟秉林："科学谋划　励精图治　创建高水平民办大

学——我国民办高等教育改革与发展探析（七）"，载《中国高等教育》2012年第2期。

64. 张宏博："民办高校治理结构失衡的制度根源——基于广东×学院的个案分析"，载《教育发展研究》2012年第7期。

65. 卢彩晨："家族式民办高校：控制权结构演进与可持续发展"，载《国家教育行政学院学报》2012年第10期。

66. 卢彩晨："家族式民办高校代际传承问题研究"，载《教育研究》2012年第9期。

67. 张水华、查明辉："民办（私立）高校董事会制度的中美比较研究"，载《现代教育科学》2012年第5期。

68. 胡汝银："改善动力机制是脱困根本"，载《董事会》2012年第8期。

69. 张文国："我国民办学校董事会制度的缺陷及完善——从中外比较的视角分析?"，载《广西政法管理干部学院学报》2013年第2期，

70. 刘根东、吴寒飞："美国私立大学法人治理结构的特征及启示"，载《江苏高教》2013年第5期。

71. 洪成文、刘慧珍："高等教育未来发展的蓝图、指标与实现途径——兼论高等教育发展与中国梦"，载《中国高教研究》2013年第7期。

72. 卢彩晨："家族式民办高校的形成机理与运行保障"，载《大学教育科学》2013年第1期。

73. 王文源："深水区教育改革背景下的民办教育顶层制度设计"，载《北京师范大学学报（社会科学版）》2014年第4期。

74. 尹滔："台湾私立高校董事会制度探究"，载《湖北函

115

授大学学报》2014 年第 4 期。

75. 巩丽霞：“论高校办学自主权的落实——以民办高校为例”，载《高教发展与评估》2014 年第 6 期。

76. 劳凯声：“教育研究的问题意识”，载《教育研究》2014 年第 8 期。

77. 周海涛：“以深化综合改革增强民办教育发展活力”，载《教育研究》2014 年第 12 期。

78. 施文妹、周海涛：“落实民办高校办学自主权的地方实践与创新发展——基于六省区民办高等教育政策的分析”，载《教育发展研究》2014 年第 13 期。

79. 金保华、顾沛卿：“民办高校规范化办学内部监督机制：问题与对策”，载《黄河科技大学学报》2014 年第 5 期。

80. 黄晓春、嵇欣：“非协同治理与策略性应对——社会组织自主性研究的一个理论框架”，载《社会学研究》2014 年第 6 期。

81. 李维民：“民办高校家族式管理的现状与发展趋势”，载《浙江树人大学学报（人文社会科学版）》2014 年第 5 期。

82. 吴小评：“'会前沟通'：独立董事履职本土化探疑”，载《法学评论》2014 年第 4 期。

83. 周海涛、施文妹：“完善民办高校法人治理结构的难题与策略”，载《江苏高教》2015 年第 4 期。

84. 余玉苗、周莹莹、潘珺：“聘请退休政府官员背景独立董事给上市公司带来好处了吗？”，载《经济评论》2015 年第 1 期。

85. 姜朋：“独立董事相对论”，载《中外法学》2015 年第 6 期。

86. 李健、孙俊华："独立董事介入对冗余资源经济效应的影响研究——基于中国制造业企业上市公司的证据"，载《现代管理科学》2015 年第 1 期。

87. 张恩众、徐美玲、张守桢："上市公司业绩波动与独立董事占比"，载《东岳论丛》2015 年第 1 期。

88. 冉春芳、冯政、冉光圭："董事会构成研究——基于联立方程模型的分析"，载《财经科学》2015 年第 6 期。

89. 蔡宁、董艳华、刘峰："董事会之谜——基于尚德电力的案例研究"，载《管理世界》2015 年第 4 期。

90. 张梅："会计背景独董提高了股价信息含量吗?"，载《东南学术》2015 年第 3 期。

91. 郑晓倩："董事会特征与企业风险承担实证研究"，载《金融经济学研究》2015 年第 3 期。

92. 陈旭、黄当、邹薇："独立董事异质性与商业银行经营绩效实证研究"，载《湖南科技大学学报（社会科学版）》2015 年第 2 期。

93. 王一涛、刘继安、王元："我国民办高校董事会实际运行及优化路径研究"，载《教育研究》2015 年第 10 期。

94. 王一涛、刘继安："中国民办高校董事会规范结构和行为结构偏差的实证分析"，载《复旦教育论坛》2015 年第 4 期。

95. 薛有志、王磊："独立董事参与、行业经验与公司战略转型"，载《现代管理科学》2015 年第 4 期。

96. 醋卫华："独立董事的价值：来自独立董事集中辞职的证据"，载《经济管理》2015 年第 3 期。

97. 杨有红、黄志雄："独立董事履职状况和客观环境研究"，载《会计研究》2015 年第 4 期。

98. 张振乾、刘根正："民办高校校长权力来源与特征"，载《高教探索》2015 年第 4 期。

99. 周泽将、刘中燕："中国独立董事声誉机制的有效性研究——基于违规处罚市场反应视角的经验证据"，载《中央财经大学学报》2015 年第 8 期。

100. 查明辉："民办高等教育发展模式转型的必要性：市场化到社会企业化"，载《湖北社会科学》2014 年第 1 期。

101. 曾江洪、肖涛："董事会非正式层级、技术董事与技术创新绩效"，载《科技与经济》2015 年第 3 期。

102. 陈睿、段从清、王治："声誉维度下薪酬对独立董事有效性的影响"，载《中南财经政法大学学报》2016 年第 1 期。

103. 唐静："家族制民办高校内部治理问题与对策研究"，载《广西青年干部学院学报》2016 年第 6 期。

104. 吴华："重新审视民办学校分类管理的理由"，载《教育经济评论》2016 年第 2 期。

105. 郝云宏、章静、曲亮："梯度网络嵌入视角下民营企业独立董事作用机理分析"，载《财经论丛》2016 年第 5 期。

106. 庞丽娟、杨小敏："关于教育供给侧结构性改革的思考和建议"，载《国家教育行政学院学报》2016 年第 10 期。

107. 劳凯声："民办学校分类管理的问题及其解决途径"，载《教育学报》2016 年第 5 期。

108. 李等等："民办高校大学生法治精神的培育"，载《亚太教育》2016 年第 23 期。

109. 庄丽君："美国高校董事会制度的特点研究"，载《重庆高教研究》2016 年第 4 期。

110. 谢志华、粟立钟、王建军："独立董事的功能定位"，载《会计研究》2016 年第 6 期。

111. 金成、王华："经济回报、权力获得与自我实现——我国民办高校举办者办学动机探究"，载《教育发展研究》2016 年第 21 期。

112. 胡大白："关于民办高校董事会建设问题的思考"，载《中国成人教育》2016 年第 17 期。

113. 刘熙："法人治理体系下民办普通高校董事会制度研究"，载《浙江树人大学学报（人文社会科学）》2016 年第 2 期。

114. 孔颖、孙黎明："民办高校党委充分发挥政治核心和监督保障作用的机制研究"，载《学校党建与思想教育》2017 年第 6 期。

115. 梅洁："独立董事声誉激励研究回顾与展望"，载《财会通讯》2017 年第 36 期。

116. 湛中乐、尹婷："论大学自治——兼析《高等教育法》中的'自主办学'"，载《陕西师范大学学报（哲学社会科学版）》2018 年第 1 期。

117. 余雅风："公共性：民办学校立法分类规范的分析基础"，载《教育研究》2018 年第 3 期。

118. 赵宇宏、王义宁："结构功能主义视角下两类民办高校董事会制度的差异化设计"，载《浙江树人大学学报（人文社会科学）》2018 年第 5 期。

三、外文译著类

1. ［美］D. J. 布尔斯廷：《美国人建国的经历》，谢延光等译，上海译文出版社 1989 年版。

2．［美］艾伦·布鲁姆：《走向封闭的美国精神》，缪青等译，中国社会科学出版社 1994 年版。

3．［美］玛格丽特·M. 布莱尔：《所有权与控制　面向 21 世纪的公司治理探索》，张荣刚译，中国社会科学院出版社 1999 年版。

4．［美］约翰·S. 布鲁贝克：《高等教育哲学》，王承绪等译，浙江教育出版社 2002 年版。

5．［美］弗兰克·H. T. 罗德斯：《创造未来——美国大学的作用》，王晓阳、蓝劲松等译，清华大学出版社 2007 年版。

6．［美］菲利普·阿尔特巴赫等：《21 世纪美国高等教育：社会、政治、经济的挑战》，杨耕、周作宇主审，北京师范大学出版社 2005 年版。

7．［德］卡尔·雅斯贝尔斯：《大学之理念》，邱立波译，上海人民出版社 2007 年版。

8．［美］罗纳德·G. 埃伦伯格主编：《美国的大学治理》，张婷姝、沈文钦、杨晓芳译，北京大学出版社 2010 年版。

9．［美］弗兰克·纽曼、莱拉·科特瑞亚、杰米·斯葛瑞：《高等教育的未来——浮言、现实与市场风险》，李沁译，北京大学出版社 2012 年版。

10．［美］劳伦斯·维赛：《美国现代大学的崛起》，栾鸾译，北京大学出版社 2015 年版。

11．［美］雅克·巴尔赞：《美国大学：运作和未来》，孟醒译，浙江大学出版社 2015 年版。

12．［英］亚当·斯密：《国富论（下）》，郭大力、王亚南译，译林出版社 2011 年版。

四、法律法规等规范性文件

1. 《上市公司章程指引》（证监〔1997〕16 号，1997 - 12 - 16）。

2. 《关于在上市公司建立独立董事制度的指导意见》（证监发〔2001〕102 号，2001 - 8 - 16）。

3. 《上市公司治理准则》（证监发〔2002〕1 号，2002 - 1 - 7）。

4. 《中华人民共和国公司法》（2005 年 10 月 27 日，第十届全国人民代表大会常务委员会第十八次会议修订通过）。

5. 《上市公司章程指引》（证监公司字〔2006〕38 号，2006 - 3 - 16）。

6. 《上市公司独立董事履职指引》（中国上市公司协会，2014 - 9 - 12）。

7. 全国人民代表大会常务委员会关于修改《中华人民共和国民办教育促进法》的决定（2016 年 11 月 7 日第十二届全国人民代表大会常务委员会第二十四次会议通过）。

8. 《国务院关于鼓励社会力量兴办教育促进民办教育健康发展的若干意见》（国发〔2016〕81 号，2016 - 12 - 29）。

9. 中共中央办公厅印发《关于加强民办学校党的建设工作的意见（试行）》的通知（中办发〔2016〕78 号，2016 - 12 - 29）。

10. 教育部、人社部、工商总局联合颁布的《营利性民办学校监督管理实施细则》（教发〔2016〕20 号，2016 - 12 - 30）。

11. 教育部、人社部、民政部、中央编办及工商总局等五部门关于印发《民办学校分类登记实施细则》的通知（教发〔2016〕19 号，2016 - 12 - 30）。

12. 国务院办公厅《关于同意建立民办教育工作部际联席会

议制度的函》（国办函〔2017〕78 号，2017 - 08 - 05）。

13. 国家工商总局、教育部联合发布《关于营利性民办学校名称登记管理有关工作的通知》（工商企注字〔2017〕156 号，2017 - 08 - 31）。

14. 教育部发布《民办教育促进法实施条例（修订草案）（征求意见稿）》，2018 - 04 - 20）。

15. 教育部等十三部门关于印发《民办教育工作部际联席会议 2018 年工作要点》的通知（教发函〔2018〕26 号，2018 - 06 - 05）。

16. 司法部发布《民办教育促进法实施条例（修订草案）（送审稿)》，2018 - 08 - 10）。

17. 《国务院办公厅关于规范校外培训机构发展的意见》（国办发〔2018〕80 号，2018 - 08 - 06）。

18. 中共中央、国务院《关于学前教育深化改革规范发展的若干意见》（2018 - 11 - 07）。

五、外文文献

1. Michael C. Jensen. , William H. Meckling, "Theory of the Firm: Managerial Behavior, Agency Costs and Ownership Structure", *Journal of Financial Economics*, 1976, 3 (4): 305 ~ 360.

2. Eugene F. Fama, Michael C. Jensen. , "Separation of Ownership and Control", *The Journal of Law and Economics*, 1983, 26 (2): 301 ~ 325.

3. R. Edward, Freeman, *Strategic Management: A Stakeholder Approach*, Pitman: Publishing INc, 1984. 34.

4. Clark Kerr, Marian L. Gade, *The Guardians: Boards of*

Trustees of American Colleges and Universities, Washington, DC: Association of Governing Boards of Universities and Colleges, 1989. 8 ~ 9, 40.

5. Martin Anderson, *Imposters in the Temple: a Blueprint for Improving Higher Education in America*, California: Hoover Institution Press, 1998.

6. Hermalin B. E, Weisbach M. S, "Endogenously Chosen Boards of Directors and Their Monitoring of the CEO", *American Economic Review*, 1998, 88 (1): 96 ~ 118.

7. Daniel C. Levy, "Public Policy for Private Higher Education: A Global Analysis", *Journal of Comparative Policy Analysis*, 2011, 13 (4): 383 ~ 396.

8. Agrawal A. , and Knoeber C. R. , "Do Some Outside Directors Play a Political Role?", *The Journal of Law and Economics*, 2001, 44 (1): 179 ~ 179.

9. Frumkin Peter, *on Being Nonprofit*. Cambridge: Harvard University Press. 2002.

10. Finkelstein Sydney, Mooney Ann C. , "Not the Usual Suspects: How to Use board Process to Make Boards Better", *The Academy of Management Executive*, 2003, 17 (2): 101 ~ 113.

11. Bedard J. , S. M. Chtourou and L. Courteau, "The Effect of Audit Committee Expertise, Independence, and Activity on Aggressive Earnings Management", *Auditing*, 2004, 23 (2): 13 ~ 35.

12. Ronald G. Ehrenberg, *Governing Academia: who is in Charge at the Modern University?*, Isaac: Cornell University Press, 2004.

13. Kinser K, "What Phoenix Doesnt Teach Us about For-Profit

Higher Education", Change the Magazine of Higher Learning, 2006, 38 (4): 24~29.

14. Adams R. B. , D. Ferreira, "A Theory of Friendly Boards", *The Journal of Finance*, 2007, 62 (1): 217~250.

15. Harris M. , A. Raviv, "A Theory of Board Control and Size. Review of Financial Studies", *Review of Financial Studies*, 2008, 21 (4): 1797~1832.

16. Heath Brown, "Incentives in U. S. Charter Schools: For-Profit and Nonprofit Choices", *Journal of School Choice*, 2009, 2 (4): 415~439.

17. Peterson P. E. , Chingos M. M. , "For-Profit and Nonprofit Management in Philadelphia Schools", *Education Next*, 2009, 9 (2): 64~70.

18. Brooks A. , J. Oliver and A. Veljanovski, "The Role of the Independent Director: Evidence from a Survey of Independent Directors in Australia", *Australian Accounting Review*, 2009, 19 (3): 161~177.

19. Dewally M. , and S. W. Peck, "Upheaval in the Boardroom: Outside Director Public Resignations, Motivations, and Consequences", *Journal of Corporate Finance*, 2010, 16 (1): 38~52.

20. Harry de Boer, Jeroen Huisman, Claudia Meister-Scheytt, "Supervision in 'modern' university governance: boards under scrutiny", *Studies in Higher Education*, 2010, 35 (3): 317~333.

21. Kini O. , and R. Williams, "Tournament Incentives, Firm Risk and Corporate Policies", *Journal of Financial Economics*, 2012, 103 (2): 350~376.

22. Masulis R W, Wang C, Xie F, "Globalizing the boardroom——the effects of foreign directors on corporate governance and firm performance", *Journal of Accounting and Economics*, 2012, 53 (3): 527 ~ 554.

图书在版编目（ＣＩＰ）数据

民办学校独立董事制度研究/刘永林著.-北京:中国政法大学出版社,
2019.8
　ISBN 978-7-5620-9165-3

　Ⅰ.①民… Ⅱ.①刘… Ⅲ.①民办学校－董事会－研究－中国
Ⅳ.①G522.74

中国版本图书馆CIP数据核字(2019)第200193号

书　　　名	民办学校独立董事制度研究	
出　版　者	中国政法大学出版社	
地　　　址	北京市海淀区西土城路 25 号	
邮寄地址	北京 100088 信箱 8034 分箱　邮编 100088	
网　　　址	http://www.cuplpress.com（网络实名：中国政法大学出版社）	
电　　　话	010-58908285(总编室) 58908334(邮购部)	
承　　　印	固安华明印业有限公司	
开　　　本	880mm×1230mm　1/32	
印　　　张	4.25	
字　　　数	95 千字	
版　　　次	2019 年 8 月第 1 版	
印　　　次	2019 年 8 月第 1 次印刷	
定　　　价	25.00 元